MW00764257

Todo el amor

Todo el amor

PABLO NERUDA

Clásicos Losada
Primera edición: noviembre de 2004
© Editorial Losada, S. A., 1971
Moreno 3362 - 1209 Buenos Aires, Argentina
Viriato, 20 - 28010 Madrid, España
T +34 914 45 71 65
F +34 914 47 05 73
www.editoriallosada.com
Distribuido por Editorial Losada, S. L.
Calleja de los Huevos, 1, 2º izda. - 33003 Oviedo
Impreso en la Argentina
Tapa: Peter Tjebbes
Interiores: Taller del Sur
Queda hecho el depósito que marca la ley 11.723
Marca y características gráficas registradas en la Oficina
de Patentes y Marcas de la Nación

Neruda, Pablo
    Todo el amor. -1ª ed. 17ª reimp. - Buenos Aires: Losada,
2004. 256 p.; 18 x 12 cm. - (Biblioteca Clásica y
Contemporánea. Clásicos Losada, 377)

    ISBN 950-03-0608-5

    1. Poesía Chilena I. Título.
CDD Ch861

Índice

Todo el amor

Todo el amor

El nuevo soneto a Helena

Cuando estés vieja, niña (Ronsard ya te lo dijo),
te acordarás de aquellos versos que yo decía.
Tendrás los senos tristes de amamantar tus hijos,
los últimos retoños de tu vida vacía.

Yo estaré tan lejano que tus manos de cera
ararán el recuerdo de mis ruinas desnudas,
comprenderás que puede nevar en Primavera
y que en la Primavera las nieves son más crudas.

Yo estaré tan lejano que el amor y la pena
que antes vacié en tu vida como un ánfora plena
estarán condenados a morir en mis manos…

Y será tarde porque se fue mi adolescencia,
tarde porque las flores una vez dan esencia
y porque aunque me llames yo estaré tan lejano.

Morena, la besadora

Cabellera rubia, suelta,
corriendo como un estero,
cabellera.

Uñas duras y doradas,
flores curvas y sensuales,
uñas duras y doradas.

Comba del vientre, escondida,
y abierta como una fruta
o una herida.

Dulce rodilla desnuda
apretada en mis rodillas,
dulce rodilla desnuda.

Enredadera del pelo
entre la oferta redonda
de los senos.

Huella que dura en el lecho,
huella dormida en el alma,
palabras locas.

Perdidas palabras locas:
rematarán mis canciones,
se morirán nuestras bocas.

Morena, la Besadora,
rosal de todas las rosas
en una hora.

Besadora, dulce y rubia,
me iré,
te irás, Besadora.

Pero aún tengo la aurora
enredada en cada sien.

Bésame, por eso, ahora,
bésame, Besadora,
ahora y en la hora
de nuestra muerte.

Amén.

Farewell

1

Desde el fondo de ti, y arrodillado,
un niño triste, como yo, nos mira.

Por esa vida que arderá en sus venas
tendrían que amarrarse nuestras vidas.

Por esas manos, hijas de tus manos,
tendrían que matar las manos mías.

Por sus ojos abiertos en la tierra
veré en los tuyos lágrimas un día.   .

2

Yo no lo quiero, Amada.

Para que nada nos amarre
que no nos una nada.

Ni la palabra que aromó tu boca,
ni lo que no dijeron las palabras.

Ni la fiesta de amor que no tuvimos,
ni tus sollozos junto a la ventana.

3

(Amo el amor de los marineros
que besan y se van.

Dejan una promesa.
No vuelven nunca más.

En cada puerto una mujer espera,
los marineros besan y se van.

Una noche se acuestan con la muerte
en el lecho del mar.

4

Amo el amor que se reparte
en besos, lecho y pan.

Amor que puede ser eterno
y puede ser fugaz.

Amor que quiere libertarse
para volver a amar.

Amor divinizado que se acerca.
Amor divinizado que se va.)

5

Ya no se encantarán mis ojos en tus ojos,
ya no se endulzará junto a ti mi dolor.

Pero hacia donde vaya llevaré tu mirada
y hacia donde camines llevarás mi dolor.

Fui tuyo, fuiste mía. Qué más? Juntos hicimos
un recodo en la ruta donde el amor pasó.

Fui tuyo, fuiste mía. Tú serás del que te ame,
del que corte en tu huerto lo que he sembrado yo.

Yo me voy. Estoy triste: pero siempre estoy triste.
Vengo desde tus brazos. No sé hacia dónde voy.

...Desde tu corazón me dice adiós un niño,
Y yo le digo adiós.

Amor

Mujer, yo hubiera sido tu hijo, por beberte
la leche de los senos como de un manantial,
por mirarte y sentirte a mi lado y tenerte
en la risa de oro y la voz de cristal.

Por sentirte en mis venas como Dios en los ríos
y adorarte en los tristes huesos de polvo y cal,
porque tu ser pasara sin pena al lado mío
y saliera en la estrofa —limpio de todo mal—.

...Cómo sabría amarte, mujer, cómo sabría
amarte, amarte como nadie supo jamás!
Morir y todavía
amarte más.
Y todavía
amarte más
    y más.

Poema en diez versos

Era mi corazón un ala viva y turbia
y pavorosa ala de anhelo.

Era la Primavera sobre los campos verdes.
Azul era la altura y era esmeralda el suelo.

Ella —la que me amaba— se murió en Primavera.
Recuerdo aún sus ojos de paloma en desvelo.

Ella —la que me amaba— cerró los ojos. Tarde.
Tarde de campo, azul. Tarde de alas y vuelos.

Ella —la que me amaba— se murió en Primavera.
Y se llevó la Primavera al cielo.

El pueblo

La sombra de este monte protector y propicio
como una manta indiana fresca y rural me cubre:
bebo el azul del cielo por mis ojos sin vicio
como un ternero mama la leche de las ubres.

Al pie de la colina se extiende el pueblo, y siento,
sin quererlo, el rodar de los tranways urbanos:
una iglesia se eleva para clavar el viento,
pero el muy vagabundo se le va de las manos.

Pueblo, eres triste y gris. Tienes las calles largas,
y un olor de almacén por tus calles pasea.
El agua de tus pozos la encuentro más amarga.
Las almas de tus hombres me parecen más feas.

No saben la belleza de un surtidor que canta,
ni del que la trasvasa floreciendo un concepto.
Sin detenerse, como el agua en la garganta,
desde sus corazones se va el verso perfecto.

El pueblo es gris y triste. Si estoy ausente pienso
que la ausencia parece que lo acercara a mí.
Regreso, y hasta el cielo tiene un bostezo inmenso.
Y crece en mi alma un odio, como el de antes,
intenso.

Pero ella vive aquí.

Pelleas y Melisanda

MELISANDA

Su cuerpo es una hostia fina, mínima y leve.
Tiene azules los ojos y las manos de nieve.

En el parque los árboles parecen congelados,
los pájaros en ellos se detienen cansados.

Sus trenzas rubias tocan el agua dulcemente
como dos brazos de oro brotados de la fuente.

Zumba el vuelo perdido de las lechuzas ciegas.
Melisanda se pone de rodillas y ruega.

Los árboles se inclinan hasta tocar su frente.
Los pájaros se alejan en la tarde doliente.

Melisanda, la dulce, llora junto a la fuente.

EL ENCANTAMIENTO

Melisanda, la dulce, se ha extraviado de ruta:
Pelleas, lirio azul de un jardín imperial,
se la lleva en los brazos, como un cesto de fruta.

EL COLOQUIO MARAVILLADO

Pelleas

Iba por la senda, tú venías por ella,
mi amor cayó en tus brazos, tu amor tembló en los
        míos.
Desde entonces mi cielo de noche tuvo estrellas
y para recogerlas se hizo tu vida un río.
Para ti cada roca que tocarán mis manos
ha de ser manantial, aroma, gruta y flor.

Melisanda

Para ti cada espiga debe apretar su grano
y en cada espiga debe desgranarse mi amor.

Pelleas

Me impedirás, en cambio, que yo mire la senda
cuando llegue la muerte para dejarla trunca.

Melisanda

Te cubrirán mis ojos como una doble venda.

Pelleas

Me hablarás de un camino que no termine nunca.
La música que escondo para encantarte huye
lejos de la canción que borbota y resalta:
como una vía láctea desde mi pecho fluye.

Melisanda

En tus brazos se enredan las estrellas más altas.
Tengo miedo. Perdóname no haber llegado antes.

Pelleas

Una sonrisa tuya borra todo un pasado:
guarden tus labios dulces lo que ya está distante.

Melisandra

En un beso sabrás todo lo que he callado.

Pelleas

Tal vez no sepa entonces conocer tu caricia,
porque en las venas mías tu ser se habrá fundido.

Melisanda

Cuando yo muerda un fruto tú sabrás su delicia.

Pelleas

Cuando cierres los ojos me quedaré dormido.

LA CABELLERA

Pesada, espesa y rumorosa,
en la ventana del castillo
la cabellera de la Amada
es un lampadario amarillo.

—Tus manos blancas en mi boca.
—Mi frente en tu frente lunada.
Pelleas, ebrio, tambalea
bajo la selva perfumada.

—Melisanda, un lebrel aúlla
por los caminos de la aldea.

—Siempre que aúllan los lebreles
me muero de espanto, Pelleas.

—Melisanda, un corcel galopa
cerca del bosque de laureles.
—Tiemblo, Pelleas, en la noche
cuando galopan los corceles.

—Pelleas, alguien me ha tocado
la sien con una mano fina.
—Sería un beso de tu amado
o el ala de una golondrina.

En la ventana del castillo
es un lampadario amarillo
la milagrosa cabellera.

Ebrio, Pelleas enloquece.
Su corazón también quisiera
ser una boca que la bese.

LA MUERTE DE MELISANDA

A la sombra de los laureles
Melisanda se está muriendo.

Se morirá su cuerpo leve.
Enterrarán su dulce cuerpo.

Juntarán sus manos de nieve.
Dejarán sus ojos abiertos

para que alumbren a Pelleas
hasta después que se haya muerto.

A la sombra de los laureles
Melisanda muere en silencio.

Por ella llorará la fuente
un llanto trémulo y eterno.

Por ella orarán los cipreses
arrodillados bajo el viento.

Habrá galope de corceles,
lunarios ladridos de perros.

A la sombra de los laureles
Melisanda se está muriendo.

Por ella el sol en el castillo
se apagará como un enfermo.

Por ella morirá Pelleas
cuando la lleven al entierro.

Por ella vagará de noche
moribundo por los senderos.

Por ella pisará las rosas,
perseguirá las mariposas
y dormirá en los cementerios.

Por ella, por ella, por ella,
Pelleas, el príncipe, ha muerto.

CANCIÓN DE LOS AMANTES MUERTOS

Ella era bella y era buena.

Perdonalá, Señor!

Él era dulce y era triste.

Perdonaló, Señor!

Se dormía en sus brazos blancos
como una abeja en una flor.

Perdonaló, Señor!

Amaba las dulces canciones,
ella era una dulce canción!

Perdonalá, Señor!

Cuando hablaba era como si alguien
hubiera llorado en su voz.

Perdonaló, Señor!

Ella decía: —"Tengo miedo.
Oigo una voz en lo lejano"

Perdonalá, Señor!

Él decía: "Tu pequeñita
mano en mis labios"

Perdonaló, Señor!

Miraban juntos las estrellas.
No hablaban de amor.

Cuando moría una mariposa
lloraban los dos.

Perdónalos, Señor!

Ella era bella y era buena.
Él era dulce y era triste.
Murieron del mismo dolor.

Perdónalos,
Perdónalos,

Perdónalos, Señor!

Cuerpo de mujer...

Cuerpo de mujer, blancas colinas, muslos blancos,
te pareces al mundo en tu actitud de entrega.
Mi cuerpo de labriego salvaje te socava
y hace saltar el hijo del fondo de la tierra.

Fui solo como un túnel. De mí huían los pájaros,
y en mí la noche entraba su invasión poderosa.
Para sobrevivirme te forjé como un arma,
como una flecha en mi arco, como una piedra en
    mi honda.
Pero cae la hora de la venganza, y te amo.

Cuerpo de piel, de musgo, de leche ávida y firme.
Ah los vasos del pecho! Ah los ojos de ausencia!
Ah las rosas del pubis! Ah tu voz lenta y triste!

Cuerpo de mujer mía, persistiré en tu gracia.
Mi sed, mi ansia sin límite, mi camino indeciso!
Oscuros cauces donde la sed eterna sigue,
y la fatiga sigue, y el dolor infinito.

En su llama mortal...

En su llama mortal la luz te envuelve.
Absorta, pálida doliente, así situada
contra las viejas hélices del crepúsculo
que en torno a ti da vueltas.

Muda, mi amiga,
sola en lo solitario de esta hora de muertes
y llena de las vidas del fuego,
pura heredera del día destruido.

Del sol cae un racimo en tu vestido oscuro.
De la noche las grandes raíces
crecen de súbito desde tu alma,
y a lo exterior regresan las cosas en ti ocultas,
de modo que un pueblo pálido y azul
de ti recién nacido se alimenta.

Oh grandiosa y fecunda y magnética esclava
del círculo que en negro y dorado sucede:
erguida, trata y logra una creación tan viva

que sucumben sus flores, y llena es de tristeza.

Ah vastedad de pinos...

Ah vastedad de pinos, rumor de olas quebrándose,
lento juego de luces, campaña solitaria,
crepúsculo cayendo en tus ojos, muñeca,
caracola terrestre, en ti la tierra canta!

En ti los ríos cantan y mi alma en ellos huye
como tú lo desees y hacia donde tú quieras.
Márcame mi camino en tu arco de esperanza
y soltaré en delirio mi bandada de flechas.

En torno a mí estoy viendo tu cintura de niebla
y tu silencio acosa mis horas perseguidas,
y eres tú con tus brazos de piedra transparente
donde mis besos anclan y mi húmeda ansia anida.

Ah tu voz misteriosa que el amor tiñe y dobla
en el atardecer resonante y muriendo!
Así en horas profundas sobre los campos he visto
doblarse las espigas en la boca del viento.

Es la mañana llena...

Es la mañana llena de tempestad
en el corazón del verano.

Como pañuelos blancos de adiós viajan las nubes,

el viento las sacude con sus viajeras manos.

Innumerable corazón del viento
latiendo sobre nuestro silencio enamorado.

Zumbando entre los árboles, orquestal y divino,
como una lengua llena de guerras y de cantos.

Viento que lleva en rápido robo la hojarasca
y desvía las flechas latientes de los pájaros.

Viento que la derriba en ola sin espuma
y sustancia sin peso, y fuegos inclinados.

Se rompe y se sumerge su volumen de besos
combatido en la puerta del viento del verano.

Para que tú me oigas...

Para que tú me oigas
mis palabras
se adelgazan a veces
como las huellas de las gaviotas en las playas.

Collar, cascabel ebrio
para tus manos suaves como las uvas.

Y las miro lejanas mis palabras.
Más que mías son tuyas.
Van trepando en mi viejo dolor como las yedras.
Ellas trepan así por las paredes húmedas.

Eres tú la culpable de este juego sangriento.

Ellas están huyendo de mi guarida oscura.
Todo lo llenas tú, todo lo llenas.

Antes que tú poblaron la soledad que ocupas,
y están acostumbradas más que tú a mi tristeza.

Ahora quiero que digan lo que quiero decirte
para que tú las oigas como quiero que me oigas.

El viento de la angustia aún las suele arrastrar.
Huracanes de sueños aún a veces las tumban.
Escuchas otras voces en mi voz dolorida.
Llanto de viejas bocas, sangre de viejas súplicas.

Ámame, compañera. No me abandones. Sígueme.
Sígueme, compañera, en esa ola de angustia.

Pero se van tiñendo con tu amor mis palabras.
Todo lo ocupas tú, todo lo ocupas.

Voy haciendo de todas un collar infinito
para tus blancas manos, suaves como las uvas.

Te recuerdo como eras...

Te recuerdo como eras en el último otoño.
Eras la boina gris y el corazón en calma.
En tus ojos peleaban las llamas del crepúsculo.
Y las hojas caían en el agua de tu alma.

Apegada a mis brazos como una enredadera,
las horas recogían tu voz lenta y en calma.
Hoguera de estupor en que mi sed ardía.
Dulce jacinto azul torcido sobre mi alma.

Siento viajar tus ojos y es distante el otoño:
boina gris, voz de pájaro y corazón de casa
hacia donde emigraban mis profundos anhelos
y caían mis besos alegres como brasas.

Cielo desde un navío. Campo desde los cerros.
Tu recuerdo es de luz, de humo, de estanque en
      calma.
Más allá de tus ojos ardían los crepúsculos.
Hojas secas de otoño giraban en tu alma.

Inclinado en las tardes...

Inclinado en las tardes tiro mis tristes redes
a tus ojos oceánicos.

Allí se estira y arde en la más alta hoguera
mi soledad que da vueltas los brazos como un
      náufrago.

Hago rojas señales sobre tus ojos ausentes
que olean como el mar a la orilla de un faro.

Sólo guardas tinieblas, hembra distante y mía,
de tu mirada emerge a veces la costa del espanto.

Inclinado en las tardes echo mis tristes redes
a ese mar que sacude tus ojos oceánicos.

Los pájaros nocturnos picotean las primeras
      estrellas
que centellean como mi alma cuando te amo.

Galopa la noche en su yegua sombría
desparramando espigas azules sobre el campo.

Abeja blanca zumbas...

Abeja blanca zumbas —ebria de miel— en mi alma
y te tuerces en lentas espirales de humo.

Soy el desesperado, la palabra sin ecos,
el que lo perdió todo, y el que todo lo tuvo.

Última amarra, cruje en ti mi ansiedad última.
En mi tierra desierta eres la última rosa.

Ah silenciosa!

Cierra tus ojos profundos. Allí aletea la noche.
Ah desnuda tu cuerpo de estatua temerosa.

Tienes ojos profundos donde la noche alea.
Frescos brazos de flor y regazo de rosa.

Se parecen tus senos a los caracoles blancos.
Ha venido a dormirse en tu vientre una mariposa
      de sombra.

Ah silenciosa!

He aquí la soledad de donde estás ausente.
Llueve. El viento del mar caza errantes gaviotas.

El agua anda descalza por las calles mojadas.
De aquel árbol se quejan, como enfermos, las
      hojas.

Abeja blanca, ausente, aún zumbas en mi alma.
Revives en el tiempo, delgada y silenciosa.

Ah, silenciosa!

Ebrio de trementina...

Ebrio de trementina y largos besos,
estival, el velero de las rosas dirijo,
torcido hacia la muerte del delgado día,
cimentado en el sólido frenesí marino.

Pálido y amarrado a mi agua devorante
cruzo en el agrio olor del clima descubierto,
aún vestido de gris y sonidos amargos,
y una cimera triste de abandonada espuma.

Voy, duro de pasiones, montado en mi ola única,
lugar, solar, ardiente y frío, repentino,
dormido en la garganta de las afortunadas
islas blancas y dulces como caderas frescas.

Tiembla en la noche húmeda mi vestido de besos
locamente cargado de eléctricas gestiones,

de modo heroico dividido en sueños
y embriagadoras rosas practicándose en mí.

Aguas arriba, en medio de las olas externas,
tu paralelo cuerpo se sujeta en mis brazos
como un pez infinitamente pegado a mi alma
rápido y lento en la energía subceleste.

Hemos perdido aun…

Hemos perdido aun este crepúsculo.
Nadie nos vio esta tarde con las manos unidas
mientras la noche azul caía sobre el mundo.

He visto desde mi ventana
la fiesta del poniente en los cerros lejanos.

A veces como una moneda
se encendía un pedazo de sol entre mis manos.

Yo te recordaba con el alma apretada
de esa tristeza que tú me conoces.

Entonces, dónde estabas?
Entre qué gentes?
Diciendo qué palabras?
Por qué se me vendrá todo el amor de golpe
cuando me siento triste, y te siento lejana?

Cayó el libro que siempre se toma en el crepúsculo,
y como un perro herido rodó a mis pies mi capa.

Siempre, siempre te alejas en las tardes
hacia donde el crepúsculo corre borrando estatuas.

Casi fuera del cielo...

Casi fuera del cielo ancla entre dos montañas
la mitad de la luna.
Girante, errante noche, la cavadora de ojos.
A ver cuántas estrellas trizadas en la charca.

Hace una cruz de luto entre mis cejas, huye.
Fragua de metales azules, noche de las calladas
        luchas,
mi corazón da vueltas como un volante loco.

Niña venida de tan lejos, traída de tan lejos,
a veces fulgurece su mirada debajo del cielo.
Quejumbre, tempestad, remolino de furia,
cruza encima de mi corazón, sin detenerte.
Viento de los sepulcros acarrea, destroza, dispersa
        tu raíz soñolienta.
Desarraiga los grandes árboles al otro lado de ella.
Pero tú, clara niña, pregunta de humo, espiga.
Era la que iba formando el viento con hojas
        iluminadas.
Detrás de las montañas nocturnas, blanco lirio de
        incendio,
ah nada puedo decir! Era hecha de todas las cosas.

Ansiedad que partiste mi pecho a cuchillazos,
es hora de seguir otro camino, donde ella no sonría.

Tempestad que enterró las campanas, turbio revuelo
    de tormentas
para qué tocarla ahora, para qué entristecerla.

Ay seguir el camino que se aleja de todo,
donde no esté atajando la angustia, la muerte, el
      invierno,
con sus ojos abiertos entre el rocío.

Para mi corazón...

Para mi corazón basta tu pecho,
para tu libertad bastan mis alas.
Desde mi boca llegará hasta el cielo
lo que estaba dormido sobre tu alma.

Es en ti la ilusión de cada día.
Llegas como el rocío a las corolas.
Socavas el horizonte con tu ausencia.
Eternamente en fuga como la ola.

He dicho que cantabas en el viento
como los pinos y como los mástiles.
Como ellos eres alta y taciturna.
Y entristeces de pronto, como un viaje.

Acogedora como un viejo camino.
Te pueblan ecos y voces nostálgicas.
Yo desperté y a veces emigran y huyen
pájaros que dormía en tu alma.

He ido marcando...

He ido marcando con cruces de fuego
el atlas blanco de tu cuerpo.
Mi boca era una araña que cruzaba escondiéndose.
En ti, detrás de ti, temorosa, sedienta.

Historias que contarte a la orilla del crepúsculo,
muñeca triste y dulce, para que no estuvieras triste.
Un cisne, un árbol, algo lejano y alegre.
El tiempo de las uvas, el tiempo maduro y frutal.
Yo que viví en un puerto desde donde te amaba.
La soledad cruzada de sueño y de silencio.
Acorralado entre el mar y la tristeza.
Callado, delirante, entre dos gondoleros inmóviles.

Entre los labios y la voz, algo se va muriendo.
Algo con alas de pájaro, algo de angustia y de
      olvido.
Así como las redes no retienen el agua.
Muñeca mía, apenas quedan gotas temblando.
Sin embargo, algo canta entre estas palabras
      fugaces.
Algo canta, algo sube hasta mi ávida boca.
Oh poder celebrarte con todas las palabras de
      alegría.
Cantar, arder, huir, como un campanario en las
      manos de un loco.
Triste ternura mía, qué te haces de repente?
Cuando he llegado al vértice más atrevido y frío
mi corazón se cierra como una flor nocturna.

Juegas todos los días ...

Juegas todos los días con la luz del universo.
Sutil visitadora, llegas en la flor y en el agua.
Eres más que esta blanca cabecita que aprieto
como un racimo entre mis manos cada día.

A nadie te pareces desde que yo te amo.
Déjame tenderte entre guirnaldas amarillas.
Quién escribe tu nombre con letras de humo entre
        las estrellas del sur?
Ah déjame recordarte cómo eras entonces, cuando
        aún no existías,

De pronto el viento aúlla y golpea mi ventana
        cerrada.
El cielo es una red cuajada de peces sombríos.
Aquí vienen a dar todos los vientos, todos.
Se desviste la lluvia.

Pasan huyendo los pájaros.
El viento. El viento.
Yo sólo puedo luchar contra la fuerza de los
        hombres.
El temporal arremolina hojas oscuras
y suelta todas las barcas que anoche amarraron al
        cielo.

Tú estás aquí. Ah tú no huyes.
Tú me responderás hasta el último grito.
Ovíllate a mi lado como si tuvieras miedo.
Sin embargo alguna vez corrió una sombra extraña
        por tus ojos.

Ahora, ahora también, pequeña, me traes
     madreselvas,
y tienes hasta los senos perfumados.
Mientras el viento triste galopa matando mariposas
yo te amo, y mi alegría muerde tu boca de ciruela.

Cuánto te habrá dolido acostumbrarte a mí,
a mi alma sola y salvaje, a mi nombre que todos
     ahuyentan.
Hemos visto arder tantas veces el lucero
     besándonos los ojos
y sobre nuestras cabezas destorcerse los
     crepúsculos en abanicos girantes.

Mis palabras llovieron sobre ti acariciándote.
Amé desde hace tiempo tu cuerpo de nácar
     soleado.
Hasta te creo dueña del universo.
Te traeré de las montañas flores alegres, copihues,
avellanas oscuras, y cestas silvestres de besos.

Quiero hacer contigo
lo que la primavera hace con los cerezos.

Me gustas cuando callas...

Me gustas cuando callas porque estás como ausente,
y me oyes desde lejos, y mi voz no te toca.
Parece que los ojos se te hubieran volado
y parece que un beso te cerrara la boca.

Como todas las cosas están llenas de mi alma
emerges de las cosas, llena del alma mía.
Mariposa de sueño, te pareces a mi alma,
y te pareces a la palabra melancolía.

Me gustas cuando callas y estás como distante.
Y estás como quejándote, mariposa en arrullo.
Y me oyes desde lejos, y mi voz no te alcanza:
déjame que me calle con el silencio tuyo.

Déjame que te hable también con tu silencio
claro como una lámpara, simple como un anillo.
Eres como la noche, callada y constelada
Tu silencio es de estrella, tan lejano y sencillo.

Me gustas cuando callas porque estás como ausente.
Distante y dolorosa como si hubieras muerto.
Una palabra entonces, una sonrisa bastan.
Y estoy alegre, alegre de que no sea cierto.

En mi cielo al crepúsculo...

Paráfrasis a R. Tagore

En mi cielo al crepúsculo eres como una nube
y tu color y forma son como yo los quiero.
Eres mía, eres mía, mujer de labios dulces,
y viven en tu vida mis infinitos sueños.

La lámpara de mi alma te sonrosa los pies,
el agrio vino mío es más dulce en tus labios,
oh segadora de mi canción de atardecer,
cómo te sienten mía mis sueños solitarios!

Eres mía, eres mía, voy gritando en la brisa
de la tarde, y el viento arrastra mi voz viuda.
Cazadora del fondo de mis ojos, tu robo
estanca como el agua tu mirada nocturna.

En la red de mi música estás presa, amor mío,
y mis redes de música son anchas como el cielo.
Mi alma nace a la orilla de tus ojos de luto.
En tus ojos de luto comienza el país del sueño.

Pensando, enredando sombras...

Pensando, enredando sombras en la profunda
      soledad.
Tú también estás lejos, ah más lejos que nadie.
Pensando, soltando pájaros, desvaneciendo
      imágenes,
enterrando lámparas.

Campanario de brumas, qué lejos, allá arriba!
Ahogando lamentos, moliendo esperanzas sombrías,
molinero taciturno,
se te viene de bruces la noche, lejos de la ciudad.

Tu presencia es ajena, extraña a mí como una cosa.
Pienso, camino largamente, mi vida antes de ti.
Mi vida antes de nadie, mi áspera vida.
El grito frente al mar, entre las piedras,
corriendo libre, loco, en el vaho del mar.
La furia triste, el grito, la soledad del mar.
Desbocado, violento, estirado hacia el cielo.

Tú, mujer, qué eras allí, qué raya, qué varilla
de ese abanico inmenso? Estabas lejos como ahora.
Incendio en el bosque! Arde en cruces azules.
Arde, arde, llamea, chispea en árboles de luz.

Se derrumba, crepita. Incendio. Incendio.
Y mi alma baila herida de virutas de fuego.
Quién llama? Qué silencio poblado de ecos?
Hora de la nostalgia, hora de la alegría, hora de la
      soledad,
hora mía entre todas!
Bocina en que el viento pasa cantando.
Tanta pasión de llanto anudada a mi cuerpo.

Sacudida de todas las raíces,
asalto de todas las olas!
Rodaba, alegre, triste, interminable, mi alma.

Pensando, enterrando lámparas en la profunda
      soledad.

Quién eres tú, quién eres?

Aquí te amo

Aquí te amo.
En los oscuros pinos se desenreda el viento.
Fosforece la luna sobre las aguas errantes.
Andan días iguales persiguiéndose.

Se desciñe la niebla en danzantes figuras.
Una gaviota de plata se descuelga del ocaso.
A veces una vela. Altas, altas estrellas.
O la cruz negra de un barco.
Solo.
A veces amanezco, y hasta mi alma está húmeda.
Suena, resuena el mar lejano.
Éste es un puerto.
Aquí te amo.

Aquí te amo y en vano te oculta el horizonte.
Te estoy amando aún entre estas frías cosas.
A veces van mis besos en esos barcos graves
que corren por el mar hacia donde no llegan.

Ya me veo olvidado como estas viejas anclas.
Son más tristes los muelles cuando atraca la tarde.
Se fatiga mi vida inútilmente hambrienta.
Amo lo que no tengo. Estás tú tan distante.
Mi hastío forcejea con los lentos crepúsculos.
Pero la noche llega y comienza a cantarme.

La luna hace girar su rodaja de sueño.
Me miran con tus ojos las estrellas más grandes.
Y como yo te amo, los pinos, en el viento,
quieren cantar tu nombre con sus hojas de alambre.

Niña morena y ágil...

Niña morena y ágil, el sol que hace las frutas,
el que cuaja los trigos, el que tuerce las algas,

hizo tu cuerpo alegre, tus luminosos ojos
y tu boca que tiene la sonrisa del agua.

Un sol negro y ansioso se te arrolla en las hebras
de la negra melena; cuando estiras los brazos.
Tú juegas con el sol como con un estero
y él te deja en los ojos dos oscuros remansos.

Niña morena y ágil, nada hacia ti me acerca.
Todo de ti me aleja, como del mediodía.
Eres la delirante juventud de la abeja,
la embriaguez de la ola, la fuerza de la espiga.

Mi corazón sombrío te busca, sin embargo,
y amo tu cuerpo alegre, tu voz suelta y delgada.
Mariposa morena dulce y definitiva
como el trigal y el sol, la amapola y el agua.

Puedo escribir los versos...

Puedo escribir los versos más tristes esta noche.

Escribir, por ejemplo: "La noche está estrellada,
y tiritan, azules, los astros, a lo lejos".

El viento de la noche gira en el cielo y canta.

Puedo escribir los versos más tristes esta noche.
Yo la quise, y a veces ella también me quiso.

En las noches como ésta la tuve entre mis brazos.
La besé tantas veces bajo el cielo infinito.
Ella me quiso, a veces yo también la quería.
Cómo no haber amado sus grandes ojos fijos.

Puedo escribir los versos más tristes esta noche.
Pensar que no la tengo. Sentir que la he perdido.

Oír la noche inmensa, más inmensa sin ella.
Y el verso cae al alma como al pasto el rocío.

Qué importa que mi amor no pudiera guardarla.
La noche está estrellada y ella no está conmigo.

Eso es todo. A lo lejos alguien canta. A lo lejos.
Mi alma no se contenta con haberla perdido.

Como para acercarla mi mirada la busca.
Mi corazón la busca, y ella no está conmigo.

La misma noche que hace blanquear los mismos
        árboles.
Nosotros, los de entonces, ya no somos los mismos.

Ya no la quiero, es cierto, pero cuánto la quise.
Mi voz buscaba el viento para tocar su oído.

De otro. Será de otro. Como antes de mis besos.
Su voz, su cuerpo claro. Sus ojos infinitos.

Ya no la quiero, es cierto, pero tal vez la quiero.
Es tan corto el amor, y es tan largo el olvido.

Porque en noches como ésta la tuve entre mis brazos,
mi alma no se contenta con haberla perdido.

Aunque éste sea el último dolor que ella me causa,
y éstos sean los últimos versos que yo le escribo.

La canción desesperada

Emerge tu recuerdo de la noche en que estoy.
El río anuda al mar su lamento obstinado.

Abandonado como los muelles en el alba.
Es la hora de partir, oh abandonado!

Sobre mi corazón llueven frías corolas.
Oh sentina de escombros, feroz cueva de náufragos!

En ti se acumularon las guerras y los vuelos.
De ti alzaron las alas los pájaros del canto.

Todo te lo tragaste, como la lejanía.
Como el mar, como el tiempo. Todo en ti fue
      naufragio!

Era la alegre hora del asalto y el beso.
La hora del estupor que ardía como un faro.

Ansiedad de piloto, furia de buzo ciego,
turbia embriaguez de amor, todo en ti fue naufragio!

En la infancia de niebla mi alma alada y herida.
Descubridor perdido, todo en ti fue naufragio!

Te ceñiste al dolor, te agarraste al deseo.
Te tumbó la tristeza, todo en ti fue naufragio!

Hice retroceder la muralla de sombra,
anduve más allá del deseo y del acto.

Oh carne, carne mía, mujer que amé y perdí,
a ti en esta hora húmeda, evoco y hago canto.

Como un vaso albergaste la infinita ternura,
y el infinito olvido te trizó como a un vaso.

Era la negra, negra soledad de las islas,
y allí, mujer de amor, me acogieron tus brazos.

Era la sed y el hambre, y tú fuiste la fruta,
Era el duelo y las ruinas, y tú fuiste el milagro.

Ah mujer, no sé cómo pudiste contenerme
en la tierra de tu alma, y en la cruz de tus brazos!

Mi deseo de ti fue el más terrible y corto,
el más revuelto y ebrio, el más tirante y ávido.

Cementerio de besos, aún hay fuego en tus tumbas,
aún los racimos arden picoteados de pájaros.

Oh la boca mordida, oh los besados miembros,
oh los hambrientos dientes, oh los cuerpos trenzados.

Oh la cópula loca de esperanza y esfuerzo
en que nos anudamos y nos desesperamos.

Y la ternura, leve como el agua y la harina.
Y la palabra apenas comenzada en los labios.

Ese fue mi destino y en él viajó mi anhelo,
y en él cayó mi anhelo, todo en ti fue naufragio!

Oh sentina de escombros, en ti todo caía,
qué dolor no exprimiste, qué olas no te ahogaron.

De tumbo en tumbo aún llameaste y cantaste.
De pie como un marino en la proa de un barco.

Aún floreciste en cantos, aún rompiste en corrientes.
Oh sentina de escombros, pozo abierto y amargo.

Pálido buzo ciego, desventurado hondero,
descubridor perdido, todo en ti fue naufragio!

Es la hora de partir, la dura y fría hora
que la noche sujeta a todo horario.

El cinturón ruidoso del mar ciñe la costa.
Surgen frías estrellas, emigran negros pájaros.

Abandonado como los muelles en el alba.
Sólo la sombra trémula se retuerce en mis manos.

Ah más allá de todo. Ah más allá de todo.

Es la hora de partir. Oh abandonado!

Tristeza

Duerme el farero de Ilela debajo de las linternas fijas, discontinuas, el mar atropella las vastedades del cielo, ahuyentan hacia el oeste las resonancias repetidas, más arriba, miro, recién construyéndose, el hangar de rocíos que se caen. En la mano me crece una planta salvaje, pienso en la hija del farero, Mele, que yo tanto amaba. Puedo decir que me hallaba cada vez su presencia, me la hallaba como los caracoles de esta costa. Aún es la noche, pavorosa de oquedades, empollando el alba y los peces de todas las redes. De sus ojos a su boca hay la distancia de dos besos, apretándolos, demasiado juntos, en la frágil porcelana. Tenía la palidez de los relojes, ella también, la pobre Mele, de sus manos salía la luna, caliente aún como un pájaro prisionero. Hablan las aguas negras, viniéndose y rodándose lamentan el oscuro concierto hasta las paredes lejanas, las noches del Sur desvelan a los centinelas despiertos y se mueven a grandes saltos azules y revuelven las joyas del cielo. Diré que la recuerdo, la recuerdo; para no romper la amanecida venía descalza, y aún no se retiraba la marea de sus ojos. Se alejaron los pájaros de su muerte como de los inviernos y de los metales.

La querida del alférez

Tan vestidos de negro los ojos de Carmela (Hotel Welcome frente a la prefectura) fulguran en las armas del alférez. Él se desmonta del atardecer y boca abajo permanece callado. Su corazón está hecho de cuadros negros y blancos, tablero de días y noches. Saldré alguna vez de esto, cantan los trenes del norte, del sur y los ramales. El viento llena de pájaro y de hojas, los alambres, las avenidas del pueblo.

Para reconocerla a ella (Hotel Welcome, a la izquierda en el corredor) basta la abeja colorada que tiene en la boca. Un invierno de vidrios mojados, su pálido abanico.

Hay algo que perder detrás del obstáculo de cada día. Una sortija, un pensamiento, algo se pierde. Por enfermedad tenía ese amor silencioso.

Apariciones desoladas, los pianos y las tejas, dejan caer el agua del invierno de la casa del frente. El espejo la llamaba en las mañanas sin embargo. El alba empuja a su paisaje indeciso. Ella está levantándose al borde del espejo, arreglando sus recuerdos. Conozco una mujer triste en este continente, de su corazón emigran pájaros, el invierno, la fría noche. (Hotel Welcome, es una casa de ladrillos.)

Ella es una mancha negra a la orilla del alférez. Lo demás son su frente pálida, una rosa en el velador. Él está boca abajo y a veces no se divisa.

Torciendo hacia ese lado...

Torciendo hacia ese lado o más allá continúa
     siendo mía
en la soledad del atardecer golpea tu sonrisa
en ese instante trepan enredaderas a mi ventana
el viento de lo alto cimbra la sed de tu presencia
un gesto de alegría una palabra de pena que
     estuviera más cerca de ti

en su reloj profundo la noche aísla horas
sin embargo teniéndote entre los brazos vacilé
algo que no te pertenece desciende de tu cabeza
y se te llena de oro la mano levantada

hay esto entre dos paredes a lo lejos
radiantes ruedas de piedra sostienen el día mientras
       tanto
después de colgado en la horca del crepúsculo
pisa en los campanarios y en las mujeres de los
       pueblos
moviéndose en la orilla de mis redes
mujer querida en mi pecho tu cabeza cerrada
a grandes llamaradas el molino se revuelve
y caen las horas nocturnas como murciélagos del
       cielo
en otra parte lejos lejos existen tú y yo parecidos a
       nosotros
tú escribes margaritas en la tierra solitaria
es que ese país de cierto nos pertenece
el amanecer vuela de nuestra casa

Cuando aproximo el cielo...

Cuando aproximo el cielo con las manos para
       despertar completamente
sus húmedos terrones su red confusa se suelta
tus besos se pegan como caracoles a mi espalda
gira el año de los calendarios y salen del mundo los
       días como hojas
cada vez al norte están las ciudades inconclusas

ahora el sur mojado encrucijada triste
en donde los peces movibles como tijeras
ah sólo tú apareces en mi espacio en mi anillo
al lado de mi fotografía como la palabra está
      enfermo
detrás de ti pongo una familia desventajosa
radiante mía salto perteneciente hora de mi
      distracción
están encorvados tus parientes y tú con tranquilidad
te miras en una lágrima te secas los ojos donde estuve
está lloviendo de repente mi puerta se va abrir

Al lado de mí mismo...

Al lado de mí mismo señorita enamorada
quién sino tú como el alambre ebrio es una canción
      sin título
ah triste mía la sonrisa se extiende como una
      mariposa en tu rostro
y por ti mi hermana no viste de negro
yo soy el que deshoja nombres y altas
      constelaciones de rocío
en la noche de paredes azules alta sobre tu frente
para alabarte a ti palabra de alas puras
el que rompió su suerte siempre donde no estuvo
por ejemplo es la noche rodando entre cruces de
      plata
que fue tu primer beso para qué recordarlo
yo te puse extendida delante del silencio
tierra mía los pájaros de mi sed te protegen
y te beso la boca mojada con crepúsculo

es más allá más alto
para significarte criaría una espiga
corazón distraído torcido hacia una llaga
atajas el color de la noche y libertas a los
          prisioneros

ah para qué alargaron la tierra
del lado en que te miro y no estás niña mía
entre sombra y sombra destino de naufragio
nada tengo oh soledad

sin embargo eres la luz distante que ilumina las
          frutas
y moriremos juntos
pensar que estás ahí navío blanco listo para partir
y que tenemos juntas las manos en la proa navío
          siempre en viaje

A quién compré...

A quién compré en esta noche la soledad que poseo
quién dice la orden que apresure la marcha
del viento flor de frío entre las hojas inconclusas
si tú me llamas tormenta resuenas tan lejos como
          un tren
ola triste caída a mis pies quién te dice
sonámbulo de sangre partía cada vez en busca del
          alba
a ti te reconozco pero lejos apartada
inclinado en tus ojos busco el ancla perdida
ahí la tienes florida adentro de los brazos de nácar

es para terminar para no seguir nunca
y por eso te alabo seguidora de mi alma mirándote
      hacia atrás
te busco cada vez entre los signos del regreso
estás llena de pájaros durmiendo como el silencio
      de los bosques
pesado y triste lirio miras hacia otra parte
cuando te hablo me dueles tan distante mujer mía
apresura el paso apresura el paso y enciende las
      luciérnagas

El habitante y su esperanza
(Fragmentos)

Entonces cuando ya cae la tarde y el rumor del mar alimenta su dura distancia, contento de mi libertad y de mi vida, atravieso las desiertas calles siguiendo un camino que conozco mucho.

En su cuarto estoy comiéndome una manzana cuando aparece frente a mí, y el olor de los jazmines que aprieta con el pecho y las manos, se sumerge en nuestro abrazo. Miro, miro sus ojos debajo de mi boca, llenos de lágrimas, pesados. Me aparto hacia el balcón comiendo mi manzana, callado, mientras que ella se tiende un poco en la cama echando hacia arriba el rostro humedecido. Por la ventana el anochecer cruza como un fraile, vestido de negro, que se parara frente a nosotros lúgubremente. El anochecer es igual en todas partes, frente al corazón del hombre que se acongoja, vacila su trapo y se arrolla a las piernas como vela vencida, temerosa. Ay, del que no sa-

be qué camino tomar, del mar o de la selva, ay, del que regresa y encuentra dividido su terreno, en esa hora débil, en que nadie puede retratarse, porque las condenas del tiempo son iguales e infinitas, caídas sobre la vacilación o las angustias.

Entonces nos acercamos conjurando el maleficio, cerrando los ojos como para oscurecernos por completo, pero alcanzo a divisar por el ojo derecho sus trenzas amarillas, largas entre las almohadas. Yo la beso con reconciliación, con temor de que se muera; los besos se aprietan como culebras, se tocan con levedad muy diáfana, son besos profundos y blandos, o se alcanzan los dientes que suenan como metales, o se sumergen las dos grandes bocas temblando como desgraciado.

Te contaré día a día mi infancia, te contaré cantando mis solitarios días de liceo, oh, no importa, hemos estado ausentes, pero te hablaré de lo que he hecho y de lo que he deseado hacer y de cómo viví sin tranquilidad en el hotel de Mauricio.

Ella está sentada a mis pies en el balcón, nos levantamos, la dejo, ando, silbando me paseo a grandes trancos por su pieza y encendemos la lámpara, comemos sin hablarnos mucho, ella frente a mí, tocándonos los pies.

Más tarde, la beso y nos miramos con silencio, ávidos, resueltos, pero la dejo sentada en la cama. Y vuelvo a pasear por el cuarto, abajo y arriba, arriba y abajo, y la vuelvo a besar pero la dejo. La muerdo en el brazo blanco, pero me aparto.

Pero la noche es larga.

El doce de marzo, estando yo durmiendo, golpea en mi puerta Florencio Rivas. Yo conozco, yo conozco algo de lo que quieres hablarme, Florencio, pero espérate, somos viejos amigos. Se sienta junto a la lámpara, frente a mí y mientras me visto lo miro a veces notando su tranquila preocupación. Florencio Rivas es hombre tranquilo y duro y su carácter es leal y de improviso.

Mi compadre de mesas de juego y asuntos de animales perdidos, es blanco de piel, azul de ojos, y en el azul de ellos gotas de indiferencia. Tiene la nariz ladeada y su mano derecha contra la frente y en la pared su silueta negra, sentada. Me deja hacer, con mi lentitud y al salir me pide mi poncho de lana gruesa.

—Es para un viaje largo, niño.

Pero él que está tranquilo esta noche mató a su mujer, Irene. Yo lo tengo escrito en los zapatos que me voy poniendo, en mi chaqueta blanca de campero, lo leo escrito en la pared, en el techo. Él no me ha dicho nada, él me ayuda a ensillar mi caballo, él se adelanta al trote, él no me dice nada. Y luego galopamos, galopamos fuertemente a través de la costa solitaria, y el ruido de los cascos hace tas, tas, tas, tas, así hace entre las malezas aproximadas a la orilla y se golpea contra las piedras playeras.

Mi corazón está lleno de preguntas y de valor, compañero Florencio. Irene es más mía que tuya y hablaremos; pero galopamos, galopamos, sin hablarnos, juntos y mirando hacia adelante, porque la noche es oscura y llena de frío.

Pero esta puerta la conozco, es claro, y la empujo y sé quién me espera detrás de ella, sé quién me espera, ven tú también, Florencio.

Pero ya está lejos y las pisadas de su caballo corren profundamente en la soledad nocturnal; él ya va arrancando por los caminos de Cantalao hasta perderse de nombre, hasta alejarse sin regreso.

La encontré muerta, sobre la cama, desnuda, fría, como una gran lisa del mar, arrojada allí entre la espuma nocturna. La fui a mirar de cerca, sus ojos estaban abiertos y azules como dos ramas de flor sobre su rostro. Las manos estaban ahuecadas como queriendo aprisionar humo, su cuerpo estaba extendido todavía con firmeza en este mundo y era de un metal pálido que quería temblar.

Ay, ay las horas del dolor que ya nunca encontrará consuelo, en ese instante el sufrimiento se pega resueltamente al material del alma, y el cambio apenas se advierte. Cruzan los ratones por el cuarto vecino, la boca del río choca con el mar sus aguas llorando; es negra, es oscura la noche, está lloviendo.

Está lloviendo y en la ventana donde falta un vidrio, pasa corriendo el temporal, a cada rato, y es triste para mi corazón la mala noche que tira a romper las cortinas, el mal viento que silba sus movimientos de tumultos, la habitación donde está mi mujer muerta, la habitación es cuadrada, larga, los relámpagos entran a veces, que no alcanzan a encender los velones grandes, blancos, que mañana estarán. Yo quiero oír su voz, de inflexión hacia atrás tropezando su voz segura para llegar a mí como una desgracia que lleva alguien sonriéndose.

Yo quiero oír su voz que llama de improviso, originándose en su vientre, en su sangre, su voz que nunca quedó parada fijamente en lugar ninguno de la tierra para salir a buscarla. Yo necesito agudamente recordar su voz que tal vez no conocí completa, que debía escuchar no sólo frente a mi amor, en mis oídos, sino que detrás de las paredes, ocultándome para que mi presencia no la hubiera cambiado. Qué pérdida es ésta? Cómo lo comprendo?

Estoy sentado cerca de ella, ya muerta, y su presencia, como un sonido ya muy grande, me hace poner atención sorda, exasperada, hasta una gran distancia. Todo es misterioso, y la velo toda la triste oscura noche de lluvia cayendo, sólo al amanecer estoy otra vez transido encima del caballo que galopa el camino.

Es como una marea...

Es como una marea, cuando ella clava en mí
sus ojos enlutados,
cuando siento su cuerpo de greda blanda y móvil
estirarse y latir junto al mío,
es como una marea, cuando ella está a mi lado.

He visto tendido frente a los mares del Sur,
arrollarse las aguas y extenderse

inconteniblemente,
fatalmente
en las mañanas y al atardecer.

Agua de las resacas sobre las viejas huellas,
sobre los viejos rastros, sobre las viejas cosas,
agua de las resacas que desde las estrellas
se abre como una inmensa rosa,
agua que va avanzando sobre las playas como
una mano atrevida debajo de una ropa,
agua internándose en los acantilados,
aguas estrellándose en las rocas,
agua implacable como los vengadores
y como los asesinos silenciosa,
agua de las noches siniestras
debajo de los muelles como una vena rota,
o como el corazón del mar
en una irradiación temblorosa y monstruosa.

Es algo que me lleva desde adentro y me crece
inmensamente próximo, cuando ella está a mi lado,
es como una marea rompiéndose en sus ojos
y besando su boca, sus senos y sus manos.

Ternura de dolor, y dolor de imposible,
ala de los terribles deseos
que se mueve en la noche de mi carne y la suya
con una aguda fuerza de flechas en el cielo.

Algo de inmensa huida,
que no se va, que araña adentro,
algo que en las palabras cava tremendos pozos,

algo que, contra todo se estrella, contra todo,
como los prisioneros contra los calabozos!

Ella, tallada en el corazón de la noche,
por la inquietud de mis ojos alucinados:
ella, grabada en los maderos del bosque
por los cuchillos de mis manos,
ella, su goce junto al mío,
ella, sus ojos enlutados,
ella, su corazón, mariposa sangrienta
que con sus dos antenas de instinto me ha tocado!

No cabe en esta estrecha meseta de mi vida!
Es como un viento desatado!

Si mis palabras clavan apenas como agujas
debieran desgarrar como espadas o arados!

Es como una marea que me arrastra y me dobla,
es como una marea, cuando ella está a mi lado!

Eres toda de espumas...

Eres toda de espumas delgadas y ligeras
y te cruzan los besos y te riegan los días.
Mi gesto, mi ansiedad cuelgan de tu mirada.
Vaso de resonancias y de estrellas cautivas.
Estoy cansado, todas las hojas caen, mueren.
Caen, mueren los pájaros. Caen, mueren las vidas.

Cansado, estoy cansado. Ven, anhélame, víbrame.

Oh, mi pobre ilusión, mi guirnalda encendida!
El ansia cae, muere. Cae, muere el deseo.
Caen, mueren las llamas en la noche infinita.

Fogonazo de luces, paloma de gredas rubias,
líbrame de esta noche que acosa y aniquila.

Sumérgeme en tu nido de vértigo y caricia.
Anhélame, retiéneme.
La embriaguez a la sombra florida de tus ojos,
las caídas, los triunfos, los saltos de la fiebre.
Ámame, ámame, ámame.
De pie te grito! Quiéreme.

Rompo mi voz gritándote y hago horarios de fuego
en la noche preñada de estrellas y lebreles.
Rompo mi voz y grito. Mujer, ámame, anhélame.
Mi voz arde en los vientos, mi voz que cae y muere.

Cansado. Estoy cansado. Huye. Aléjate. Extínguete.
No aprisiones mi estéril cabeza entre tus manos.

Que me crucen la frente los látigos del hielo.
Que mi inquietud se azote con los vientos atlánticos.
Huye, Aléjate. Extínguete. Mi alma debe estar sola.
Debe crucificarse, hacerse astillas, rodar,
verterse, contaminarse sola,
abierta a la marea de los llantos,
ardiendo en el ciclón de las furias,
erguida entre los cerros y los pájaros,
aniquilarse, exterminarse sola,
abandonada y única como un faro de espanto.

Siento tu ternura...

Siento tu ternura allegarse a mi tierra,
acechar la mirada de mis ojos, huir,
la veo interrumpirse, para seguirme hasta la hora
de mi silencio absorto y de mi afán de ti.
Hela aquí tu ternura de ojos dulces que esperan.
Hela aquí, boca tuya, palabra nunca dicha.
Siento que se me suben los musgos de tu pena
y me crecen a tientas en el alma infinita.

Era esto el abandono, y lo sabías,
era la guerra oscura del corazón y todos,
era la queja rota de angustias conmovidas,
y la ebriedad, y el deseo, y el dejarse ir,
y era eso mi vida,
era eso que el agua de tus ojos llevaba,
era eso que en el hueco de tus manos cabía.

Ah, mariposa mía y arrullo de paloma,
ah vaso, ah estero, ah compañera mía!

Te llegó mi reclamo, dímelo, te llegaba,
en las abiertas noches de estrellas frías
ahora, en el otoño, en el baile amarillo
de los vientos hambrientos y las hojas caídas!

Dímelo, te llegaba
aullando o cómo, o sollozando,
en la hora de la sangre fermentada
cuando la tierra crece y se cimbra latiendo
bajo el sol que la raya con sus colas de ámbar?

Dímelo, me sentiste
trepar hasta tu forma por todos los silencios,
y todas las palabras?

Yo me sentí crecer. Nunca supe hacia dónde.
Es más allá de ti. Lo comprendes, hermana?
Es que se aleja el fruto cuando llegan mis manos
y ruedan las estrellas antes de mi mirada.

Siento que soy la aguja de una infinita flecha,
y va a clavarse lejos, no va a clavarse nunca,
tren de dolores húmedos en fuga hacia lo eterno,
goteando en cada tierra sollozos y preguntas.

Pero hela aquí, tu forma familiar, lo que es mío,
lo tuyo, lo que es mío, lo que es tuyo y me inunda,
hela aquí que me llena los miembros de abandono,
hela aquí, tu ternura,
amarrándose a las mismas raíces,
madurando en la misma caravana de frutas,
y saliendo de tu alma rota bajo mis dedos
como el licor del vino del centro de la uva.

Amiga, no te mueras

Amiga, no te mueras.

Óyeme estas palabras que me salen ardiendo
y que nadie diría si yo no las dijera.

Amiga, no te mueras.

Yo soy el que te espera en la estrellada noche.
El que bajo el sangriento sol poniente te espera.

Miro caer los frutos en la tierra sombría.
Miro bailar las gotas del rocío en las hierbas.

En la noche al espeso perfume de las rosas,
cuando danza la ronda de las sombras inmensas.

Bajo el cielo del Sur, el que te espera cuando
el aire de la tarde como una boca besa.

Amiga, no te mueras.

Yo soy el que cortó las guirnaldas rebeldes
para el lecho selvático fragante a sol y a selva.

El que trajo en los brazos jacintos amarillos.
Y rosas desgarradas. Y amapolas sangrientas.

El que cruzó los brazos por esperarte, ahora.
El que quebró sus arcos. El que dobló sus flechas.

Yo soy el que en los labios guarda sabor de uvas.
Racimos refregados. Mordeduras bermejas.

El que te llama desde las llanuras brotadas.
Yo soy el que en la hora del amor te desea.

El aire de la tarde cimbra las ramas altas.
Ebrio, mi corazón, bajo Dios, tambalea.

El río desatado rompe a llorar y a veces
se adelgaza su voz y se hace pura y trémula.

Retumba, atardecida, la queja azul del agua.
Amiga, no te mueras!

Yo soy el que te espera en la estrellada noche,
sobre las playas áureas, sobre las rubias eras.

El que cortó jacintos para tu lecho, y rosas.
Tendido entre las hierbas yo soy el que te espera!

Déjame sueltas las manos...

Déjame sueltas las manos
y el corazón, déjame libre!
Deja que mis dedos corran
por los caminos de tu cuerpo.
La pasión —sangre, fuego, besos—
me incendia a llamaradas trémulas.
Ay, tú no sabes lo que es esto!

Es la tempestad de mis sentidos
doblegando la selva sensible de mis nervios.
Es la carne que grita con sus ardientes lenguas!
Es el incendio!
Y estás aquí, mujer, como un madero intacto
ahora que vuela toda mi vida hecha cenizas
hacia tu cuerpo lleno, como la noche, de astros!

Déjame libres las manos
y el corazón, déjame libre!
Yo sólo te deseo, yo sólo te deseo,
No es amor, es deseo que se agosta y se extingue,
es precipitación de furias,
acercamiento de lo imposible,
pero estás tú,
estás para dármelo todo,
y a darme lo que tienes a la tierra viniste—
como yo para contenerte,
y desearte,
y recibirte!

Alma mía!

Alma mía! Alma mía! Raíz de mi sed viajera,
gota de luz que espanta los asaltos del mundo.
Flor mía. Flor de mi alma. Terreno de mis besos.
Campanada de lágrimas. Remolino de arrullos.
Agua viva que escurre su queja entre mis dedos.
Azul y alada como los pájaros y el humo.
Te parió mi nostalgia, mi sed, mi ansia, mi espanto.
Y estallaste en mis brazos como en la flor del fruto.

Zona de sombra, línea delgada y pensativa.
Enredadera crucificada sobre un muro.
Canción, sueño, destino. Flor mía, flor de mi alma.
Aletazo de sueño, mariposa, crepúsculo.

En la alta noche mi alma se tuerce y se destroza.
La castigan los látigos del sueño y la socavan.

Para esta inmensidad ya no hay nada en la tierra.
Ya no hay nada.
Se revuelven las sombras y se derrumba todo.
Caen sobre mis ruinas las vigas de mi alma.

No lucen los luceros acerados y blancos.
Todo se rompe y cae. Todo se borra y pasa.
Es el dolor que aúlla como un loco en un bosque.
Soledad de la noche. Soledad de mi alma.
El grito, el alarido. Ya no hay nada en la tierra!
La furia que amedrenta los cantos y las lágrimas.
Sólo la sombra estéril partida por mis gritos.
Y la pared del cielo tendida contra mi alma!

Eres. Entonces eres y te buscaba entonces.
Eres labios de beso, fruta de sueño, todo.
Estás, eres y te amo! Te llamo y me respondes!
Luminaria de luna sobre los campos solos.
Flor mía, flor de mi alma, qué más para esta vida!
Tu voz, tu gesto pálido, tu ternura, tus ojos.
La delgada caricia que te hace arder entera.
Los dos brazos que emergen como juncos de
            asombro.
Todo tu cuerpo ardido de blancura en el vientre.
Las piernas perezosas. Las rodillas. Los hombros.
La cabellera de alas negras que van volando.
Las arañas oscuras del pubis en reposo.

Llénate de mí

Llénate de mí.
Ansíame, agótame, viérteme, sacrifícame.

Pídeme. Recógeme, contiéneme, ocúltame.
Quiero ser de alguien, quiero ser tuyo, es tu hora.
Soy el que pasó saltando sobre las cosas,
el fugante, el doliente.

Pero siento tu hora,
la hora de que mi vida gotee sobre tu alma,
la hora de las ternuras que no derramé nunca,
la hora de los silencios que no tienen palabras,
tu hora, alba de sangre que me nutrió de angustias,
tu hora, medianoche que me fue solitaria.

Libértame de mí. Quiero salir de mi alma.
Yo soy esto que gime, esto que arde, esto que sufre.
Yo soy esto que ataca, esto que aúlla, esto que canta.
No, no quiero ser esto.
Ayúdame a romper estas puertas inmensas.
Con tus hombros de seda desentierra estas anclas.
Así crucificaron mi dolor una tarde.
Libértame de mí. Quiero salir de mi alma.

Quiero no tener límites y alzarme hacia aquel astro.
Mi corazón no debe callar hoy o mañana.
Debe participar de lo que toca,
debe ser de metales, de raíces, de alas.
No puedo ser la piedra que se alza y que no vuelve,
no puedo ser la sombra que se deshace y pasa.

No, no puede ser, no puede ser, no puede ser.
Entonces gritaría, lloraría, gemiría.
No puede ser, no puede ser.
Quién iba a romper esta vibración de mis alas?

Quién iba a exterminarme? Qué designio, qué
      palabra?
No puede ser, no puede ser, no puede ser.
Libértame de mí. Quiero salir de mi alma.

Porque tú eres mi ruta. Te forjé en lucha viva.
De mi pelea oscura contra mí mismo, fuiste.
Tienes de mí ese sello de avidez no saciada.
Desde que yo los miro tus ojos son más tristes.
Vamos juntos. Rompamos este camino juntos.
Será la ruta tuya. Pasa. Déjame irme.
Ansíame, agótame, viérteme, sacrifícame.
Haz tambalear los cercos de mis últimos límites.

Y que yo pueda, al fin, correr en fuga loca,
inundando las tierras como un río terrible,
desatando estos nudos, ah Dios mío, estos nudos,
destrozando,
quemando,
arrasando
como una lava loca lo que existe,
correr fuera de mí mismo, perdidamente,
libre de mí, furiosamente libre.
Irme,
Dios mío,
irme!

Canción del macho...

Canción del macho y de la hembra!
La fruta de los siglos

69

exprimiendo su jugo
en nuestras venas.
Mi alma derramándose en tu carne extendida
para salir de ti más buena,
el corazón desparramándose
estirándose como una pantera,
y mi vida, hecha astillas, anudándose
a ti como la luz a las estrellas!

Me recibes
como al viento la vela.

Te recibo
como el surco a la siembra.

Duérmete sobre mis dolores
si mis dolores no te queman,
amárrate a mis alas,
acaso mis alas te llevan,
endereza mis deseos,
acaso te lastima su pelea.

Tú eres lo único que tengo
desde que perdí mi tristeza!
Desgárrame como una espada
o táctame como una antena!

Bésame,
muérdeme,
incéndiame,
que yo vengo a la tierra
sólo por el naufragio de mis ojos de macho
en el agua infinita de tus ojos de hembra!

Esclava mía...

Esclava mía, témeme. Ámame. Esclava mía!
Soy contigo el ocaso más vasto de mi cielo,
y en él despunta mi alma como una estrella fría.
Cuando de ti se alejan vuelven a mí sus pasos.
Mi propio latigazo cae sobre mi vida.
Eres lo que está dentro de mí y está lejano.
Huyendo como un coro de nieblas perseguidas.
Junto a mí, pero dónde? Lejos, lo que está lejos.
Y lo que estando lejos bajo mis pies camina.
El eco de la voz más allá del silencio.
Y lo que en mi alma crece como el musgo en las
    ruinas.

Sed de ti...

Sed de ti que me acosa en las noches hambrientas.
Trémula mano roja que hasta tu vida se alza.
Ebria sed, loca sed, sed de selva en sequía.
Sed de metal ardiendo, sed de raíces ávidas.
Hacia dónde, en las tardes que no vayan tus ojos
en viaje hacia mis ojos, esperándote entonces?

Estás llena de todas las sombras que me acechan.
Me sigues como siguen los astros a la noche.
Mi madre me dio lleno de preguntas agudas.
Tú las contestas todas. Eres llena de voces.
Ancla blanca que cae sobre el mar que cruzamos.
Surco para la turbia semilla de mi nombre.
Que haya una tierra mía que no cubra tu huella.
Sin tus ojos viajeros, en la noche, hacia dónde.

Por eso eres la sed y lo que ha de saciarla.
Cómo poder no amarte si he de amarte por eso.
Si ésa es la amarra cómo poder cortarla, cómo.

Cómo si hasta mis huesos tienen sed de tus huesos.
Sed de ti, sed de ti, guirnalda atroz y dulce.
Sed de ti que en las noches me muerde como un
          perro.
Los ojos tienen sed, para qué están tus ojos.
La boca tiene sed, para qué están tus besos.
El alma está incendiada de estas brasas que te aman.
El cuerpo incendio vivo que ha de quemar tu cuerpo.
De sed. Sed infinita. Sed que busca tu sed.
Y en ella se aniquila como el agua en el fuego.

Es cierto...

Es cierto, amada mía, hermana mía, es cierto!
Como las bestias grises que en los potreros pastan,
en los potreros se aman, como las bestias grises!

Como las castas ebrias que poblaron la tierra
matándose y amándose, como las castas ebrias!

Como el latido de las corolas abiertas
dividiendo la joya futura de la siembra,
como el latido de las corolas abiertas!

Empujado por los designios de la tierra
como una ola en el mar hacia ti va mi cuerpo.

Y *tú, en tu carne, encierras*
las pupilas sedientas con que miraré cuando
estos ojos que tengo se llenen de tierra.

Alianza (sonata)

De miradas polvorientas caídas al suelo
o de hojas sin sonido y sepultándose.
De metales sin luz, con el vacío,
con la ausencia del día muerto de golpe.
En lo alto de las manos el deslumbrar de mariposas,
el arrancar de mariposas cuya luz no tiene término.

Tú guardabas la estela de luz, de seres rotos
que el sol abandonado, atardeciendo, arroja a las
          iglesias.

Teñida con miradas, con objeto de abejas,
tu material de inesperada llama huyendo
precede y sigue al día y a su familia de oro.

Los días acechando cruzan en sigilo
pero caen dentro de tu voz de luz.
Oh dueña del amor, en tu descanso
fundé mi sueño, mi actitud callada.

Con tu cuerpo de número tímido, extendido de
          pronto
hasta las cantidades que definen la tierra,
detrás de la pelea de los días blancos de espacio
y fríos de muertes lentas y estímulos marchitos,

siento arder tu regazo y transitar tus besos
haciendo golondrinas frescas en mi sueño.

A veces el destino de tus lágrimas asciende
como la edad hasta mi frente, allí
están golpeando las olas, destruyéndose de muerte:
su movimiento es húmedo, decaído, final.

Madrigal escrito en invierno

En el fondo del mar profundo,
en la noche de largas listas,
como un caballo cruza corriendo
tu callado callado nombre.

Alójame en tu espalda, ay, refúgiame,
aparéceme en tu espejo, de pronto,
sobre la hoja, solitaria, nocturna,
brotando de lo oscuro, detrás de ti.

Flor de la dulce luz completa,
acúdeme tu boca de besos,
violenta de separaciones,
determinada y fina boca.

Ahora bien, en lo largo y largo,
de olvido a olvido residen conmigo
los rieles, el grito de la lluvia:
lo que la oscura noche preserva.

Acógeme en la tarde de hilo,
cuando el anochecer trabaja

su vestuario y palpita en el cielo
una estrella llena de viento.

Acércame tu ausencia hasta el fondo,
pesadamente, tapándome los ojos,
crúzame tu existencia, suponiendo
que mi corazón está destruido.

Fantasma

Cómo surges de antaño, llegando,
encandilada, pálida estudiante,
a cuya voz aún piden consuelo
los meses dilatados y fijos.

Sus ojos luchaban como remeros
en el infinito muerto
con esperanza de sueño y materia
de seres saliendo del mar.

De la lejanía en donde
el olor de la tierra es otro
y lo vespertino llega llorando
en forma de oscuras amapolas.

En la altura de los días inmóviles
el insensible joven diurno
en tu rayo de luz se dormía
afirmado como en una espada.

Mientras tanto crece a la sombra
del largo transcurso en olvido

la flor de la soledad, húmeda, extensa,
como la tierra en un largo invierno.

Lamento lento

En la noche del corazón
la gota de tu nombre lento
en silencio circula y cae
y rompe y desarrolla su agua.

Algo quiere su leve daño
y su estima infinita y corta,
como el paso de un ser perdido
de pronto oído.

De pronto, de pronto escuchado
y repartido en el corazón
con triste insistencia y aumento
como un sueño frío de otoño.

La espesa rueda de la tierra
su llanta húmeda de olvido
hace rodar, cortando el tiempo
en mitades inaccesibles.

Sus copas duras cubren tu alma
derramada en la tierra fría
con sus pobres chispas azules
volando en la voz de la lluvia.

Juntos nosotros

Qué pura eres de sol o de noche caída,
qué triunfal desmedida tu órbita de blanco,
y tu pecho de pan, alto de clima,
tu corona de árboles negros, bienamada,
y tu nariz de animal solitario, de oveja salvaje
que huele a sombra y a precipitada fuga tiránica.
Ahora, qué armas espléndidas mis manos,
digna su pala de hueso y su lirio de uñas,
y el puesto de mi rostro, y el arriendo de mi alma
están situados en lo justo de la fuerza terrestre.

Qué pura mi mirada de nocturna influencia,
caída de ojos oscuros y feroz acicate,
mi simétrica estatua de piernas gemelas
sube hacia estrellas húmedas cada mañana,
y mi boca de exilio muerde la carne y la uva,
mis brazos de varón, mi pecho tatuado
en que penetra el vello como ala de estaño,
mi cara blanca hecha para la profundidad del sol,
mi pelo hecho de ritos, de minerales negros,
mi frente, penetrante como golpe o camino,
mi piel de hijo maduro, destinado al arado,
mis ojos de sal ávida, de matrimonio rápido,
mi lengua amiga blanda del dique y del buque,
mis dientes de horario blanco, de equidad sistemática,
la piel que hace a mi frente un vacío de hielos
y en mi espalda se torna, y vuela en mis párpados,
y se repliega sobre mi más profundo estímulo,
y crece hacia las rosas en mis dedos,
en mi mentón de hueso y en mis pies de riqueza.

Y tú como un mes de estrellas, como un beso fijo,
como estructura de ala, o comienzos de otoño,
niña, mi partidaria, mi amorosa,
la luz hace su lecho bajo tus grandes párpados,
dorados como bueyes, y la paloma redonda
hace sus nidos blancos frecuentemente en ti.
Hecha de ola en lingotes y tenazas blancas,
tu salud de manzana furiosa se estira sin límite,
el tonel temblador en que escucha tu estómago,
tus manos hijas de la harina y del cielo.

Qué parecida eres al más largo beso,
su sacudida fija parece nutrirte,
y su empuje de brasa, de bandera revuelta,
va latiendo en tus dominios y subiendo temblando,
y entonces tu cabeza se adelgaza en cabellos,
y su forma guerrera, su círculo seco,
se desploma de súbito en hilos lineales
como filos de espadas o herencias del humo.

Tiranía

Oh dama sin corazón, hija del cielo
auxíliame en esta solitaria hora
con tu directa indiferencia de arma
y tu frío sentido del olvido.

Un tiempo total como un océano,
una herida confusa como un nuevo ser
abarcan la tenaz raíz de mi alma
mordiendo el centro de mi seguridad.

Qué espeso latido se cimbra en mi corazón
como una ola hecha de todas las olas,
y mi desesperada cabeza se levanta
en un esfuerzo de salto y de muerte.

Hay algo enemigo temblando en mi certidumbre,
creciendo en el mismo origen de las lágrimas
como una planta desgarradora y dura
hecha de encadenadas hojas amargas.

Ángela adónica

Hoy me he tendido junto a una joven pura
como a la orilla de un océano blanco,
como en el centro de una ardiente estrella
        de lento espacio.

De su mirada largamente verde
la luz caía como un agua seca,
en transparentes y profundos círculos
        de fresca fuerza.

Su pecho como un fuego de dos llamas
ardía en dos regiones levantado,
y en doble río llegaba a sus pies,
        grandes y claros.

Un clima de oro maduraba apenas
las diurnas longitudes de su cuerpo
llenándolo de frutas extendidas
        y oculto fuego.

El joven monarca

Como continuación de lo leído y precedente de la página que sigue debo encaminar mi estrella al territorio amoroso.

Patria limitada por dos largos brazos cálidos, de larga pasión paralela, y un sitio de oros defendidos por sistema y matemática ciencia guerrera. Sí, quiero casarme con la más bella de Mandalay, quiero encomendar mi envoltura terrestre a ese ruido de la mujer cocinando, a ese aleteo de falda y pie desnudo que se mueven y mezclan como viento y hojas.

Amor de niña de pie pequeño y gran cigarro, flores de ámbar en el puro y cilíndrico peinado, y de andar en peligro, como un lirio de pesada cabeza, de gruesa consistencia.

Y mi esposa a mi orilla, al lado de mi rumor tan venido de lejos, mi esposa birmana, hija del rey.

Su enrollado cabello negro entonces beso, y su pie dulce y perpetuo; acercada ya la noche, desencadeno su molino, escucho a mi tigre y lloro a mi ausente.

Tango del viudo

Oh maligna, ya habrás hallado la carta, ya habrás
*   llorado de furia,*
y habrás insultado el recuerdo de mi madre
llamándola perra podrida y madre de perros,
ya habrás bebido sola, solitaria, el té del atardecer
mirando mis viejos zapatos vacíos para siempre,
y ya no podrás recordar mis enfermedades, mis
*   sueños nocturnos, mis comidas,*

sin maldecirme en voz alta como si estuviera allí aún
quejándome del trópico, de los coolíes corringhis,
de las venenosas fiebres que me hicieron tanto daño
y de los espantosos ingleses que odio todavía.

Maligna, la verdad, qué noche tan grande, qué tierra
tan sola!
He llegado otra vez a los dormitorios solitarios,
a almorzar en los restaurantes comida fría, y otra vez
tiro al suelo los pantalones y las camisas,
no hay perchas en mi habitación, ni retratos de nadie
en las paredes.
Cuánta sombra de la que hay en mi alma daría por
recobrarte,
y qué amenazadores me parecen los nombres de los
meses
y la palabra invierno qué sonido de tambor lúgubre
tiene.

Enterrado junto al cocotero hallarás más tarde
el cuchillo que escondí allí por temor de que me
mataras
y ahora repentinamente quisiera oler su acero de
cocina
acostumbrado al peso de tu mano y al brillo de tu
pie:
bajo la humedad de la tierra, entre las sordas raíces,
de los lenguajes humanos, el pobre sólo sabría tu
nombre,
y la espesa tierra no comprende tu nombre
hecho de impenetrables substancias divinas.

Así como me aflige pensar en el claro día de tus
piernas,
recostadas como detenidas y duras aguas solares,
y la golondrina que durmiendo y volando vive en tus
ojos,
y el perro de furia que asilas en el corazón,
así también veo las muertes que están entre nosotros
desde ahora,
y respiro en el aire la ceniza y lo destruido,
el largo solitario espacio que me rodea para siempre.

Daría este viento del mar gigante por tu brusca
respiración
oída en largas noches sin mezcla de olvido,
uniéndose a la atmósfera como el látigo a la piel del
caballo.
Y por oírte orinar, en la oscuridad, en el fondo de la
casa,
como vertiendo una miel delgada, trémula,
argentina,obstinada,
cuántas veces entregaría este coro de sombras que
poseo,
y el ruido de espadas inútiles que se oye en mi alma,
y la paloma de sangre que está solitaria en mi frente
llamando cosas desaparecidas, seres desaparecidos,
substancias extrañamente inseparables y perdidas.

Barcarola

Si solamente me tocaras el corazón,
si solamente pusieras tu boca en mi corazón,

tu fina boca, tus dientes,
si pusieras tu lengua como una flecha roja
allí donde mi corazón polvoriento golpea,
si soplaras en mi corazón, cerca del mar, llorando,
sonaría con un ruido oscuro, con sonido de ruedas de
      tren con sueño,
como aguas vacilantes,
como el otoño en hojas,
como sangre,
con un ruido de llamas húmedas quemando el cielo,
sonando como sueños o ramas o lluvias,
o bocinas de puerto triste,
si tú soplaras en mi corazón, cerca del mar,
como un fantasma blanco,
al borde de la espuma,
en mitad del viento,
como un fantasma desencadenado, a la orilla del mar,
      llorando.

Como ausencia extendida, como campana súbita.
el mar reparte el sonido del corazón,
lloviendo, atardeciendo, en una costa sola:
la noche cae sin duda,
y su lúgubre azul de estandarte en naufragio
se puebla de planetas de plata enronquecida.

Y suena el corazón como un caracol agrio,
llama, oh mar, oh lamento, oh derretido espanto
esparcido en desgracias y olas desvencijadas:
de lo sonoro el mar acusa
sus sombras recostadas, sus amapolas verdes.

Si existieras de pronto, en una costa lúgubre,
rodeada por el día muerto,
frente a una nueva noche,
llena de olas,
y soplaras en mi corazón de miedo frío,
soplaras en la sangre sola de mi corazón,
soplaras en su movimiento de paloma con llamas,
sonarían sus negras sílabas de sangre,
crecerían sus incesantes aguas rojas,
y sonaría, sonaría a sombras,
sonaría como la muerte,
llamaría como un tubo lleno de viento o llanto,
o una botella echando espanto a borbotones.

Así es, y los relámpagos cubrirían tus trenzas
y la lluvia entraría por tus ojos abiertos
a preparar el llanto que sordamente encierras,
y las alas negras del mar girarían en torno
de ti, con grandes garras y graznidos, y vuelos.

Quieres ser el fantasma que sople, solitario,
cerca del mar su estéril, triste instrumento?
Si solamente llamaras,
su prolongado son, su maléfico pito,
su orden de olas heridas,
alguien vendría acaso,
alguien vendría,
desde las cimas de las islas, desde el fondo rojo del
            mar,
alguien vendría, alguien vendría.

Alguien vendría, sopla con furia,
que suene como sirena de barco roto,

como lamento,
como un relincho en medio de la espuma y la sangre,
como un agua feroz mordiéndose y sonando.

En la estación marina
su caracol de sombra circula como un grito,
los pájaros del mar lo desestiman y huyen,
sus listas de sonidos, sus lúgubres barrotes
se levantan a orillas del océano solo.

Oda con un lamento

Oh niña entre las rosas, oh presión de palomas,
oh presidio de peces y rosales,
tu alma es una botella llena de sal sedienta
y una campana llena de uvas es tu piel.

Por desgracia no tengo para darte sino uñas
o pestañas, o pianos derretidos,
o sueños que salen de mi corazón a borbotones,
polvorientos sueños que corren como jinetes negros,
sueños llenos de velocidades y desgracias.

Sólo puedo quererte con besos y amapolas,
con guirnaldas mojadas por la lluvia,
mirando cenicientos caballos y perros amarillos.
Sólo puedo quererte con olas a la espalda,
entre vagos golpes de azufre y aguas ensimismadas,
nadando en contra de los cementerios que corren en
        ciertos ríos
con pasto mojado creciendo sobre las tristes tumbas
        de yeso,

nadando a través de corazones sumergidos
y pálidas planillas de niños insepultos.

Hay mucha muerte, muchos acontecimientos
       funerarios
en mis desamparadas pasiones y desolados besos,
hay el agua que cae en mi cabeza,
mientras crece mi pelo,
un agua como el tiempo, un agua negra
      desencadenada,
con una voz nocturna, con un grito
de pájaro en la lluvia, con una interminable
sombra de ala mojada que protege mis huesos:
mientras me visto, mientras
interminablemente me miro en los espejos y en los
      vidrios,
oigo que alguien me sigue llamándome a sollozos
con una triste voz podrida por el tiempo.

Tú estás de pie sobre la tierra, llena
de dientes y relámpagos.
Tú propagas los besos y matas las hormigas.
Tú lloras de salud, de cebolla, de abeja,
de abecedario ardiendo.
Tú eres como una espada azul y verde
y ondulas al tocarte, como un río.
Ven a mi alma vestida de blanco, con un ramo
de ensangrentadas rosas y copas de cenizas,
ven con una manzana y un caballo,
porque allí hay una sala oscura y un candelabro roto,
unas sillas torcidas que esperan el invierno,
y una paloma muerta, con un número.

Alianza (sonata)

Ni el corazón cortado por un vidrio
en un erial de espinas,
ni las aguas atroces vistas en los rincones
de ciertas casas, aguas como párpados y ojos,
podrían sujetar tu cintura en mis manos
cuando mi corazón levanta sus encinas
hacia tu inquebrantable hilo de nieve.

Nocturno azúcar, espíritu
de las coronas,
   redimida
sangre humana, tus besos
me destierran,
y un golpe de agua con restos del mar
golpea los silencios que te esperan
rodeando las gastadas sillas, gastando puertas.
Noches con ejes claros,
partida, material, únicamente
voz, únicamente
desnuda cada día.

Sobre tus pechos de corriente inmóvil,
sobre tus piernas de dureza y agua,
sobre la permanencia y el orgullo
de tu pelo desnudo,
quiero estar, amor mío, ya tiradas las lágrimas
al ronco cesto donde se acumulan,
quiero estar, amor mío, solo con una sílaba
de plata destrozada, solo con una punta
de tu pecho de nieve.

Ya no es posible, a veces,
ganar sino cayendo,
ya no es posible, entre dos seres
temblar, tocar la flor del río:
hebras de hombres vienen como agujas,
tramitaciones, trozos,
familias de coral repulsivo, tormentas
y pasos duros por alfombras
de invierno.

Entre labios y labios hay ciudades
de gran ceniza y húmeda cimera,
gotas de cuándo y cómo, indefinidas
circulaciones:
entre labios y labios como por una costa
de arena y vidrio, pasa el viento.
Por eso eres sin fin, recógeme como si fueras
toda solemnidad, toda nocturna
como una zona, hasta que te confundas
con las líneas del tiempo.

                 Avanza en la dulzura,
ven a mi lado hasta que las digitales
hojas de los violines
hayan callado, hasta que los musgos
arraiguen en el trueno, hasta que del latido
de mano y mano bajen las raíces.

Las furias y las penas

...Hay en mi corazón furias y penas...
Quevedo

En el fondo del pecho estamos juntos,
en el cañaveral del pecho recorremos
un verano de tigres,
al acecho de un metro de piel fría,
al acecho de un ramo de inaccesible cutis,
con la boca olfateando sudor y venas verdes
nos encontramos en la húmeda sombra que deja caer
        besos.

Tú mi enemiga de tanto sueño roto de la misma
        manera
que erizadas plantas de vidrio, lo mismo que
        campanas
deshechas de manera amenazante, tanto como
        disparos
de hiedra negra en medio del perfume,
enemiga de grandes caderas que mi pelo han tocado
con un ronco rocío, con una lengua de agua,
no obstante el mundo frío de los dientes y el odio de
        los ojos,
y la batalla de agonizantes bestias que cuidan el
        olvido,
en algún sitio del verano estamos juntos
acechando con labios que la sed ha invadido.
Si hay alguien que traspasa
una pared con círculos de fósforo
y hiere el centro de unos dulces miembros
y muerde cada hoja de un bosque dando gritos,

tengo también tus ojos de sangrienta luciérnaga
capaces de impregnar y atravesar rodillas
y gargantas rodeadas de seda general.

Cuando en las reuniones
el azar, la ceniza, las bebidas,
el aire interrumpido,
pero ahí están tus ojos oliendo a cacería,
a rayo verde que agujerea pechos,
tus dientes que abren manzanas de las que cae
        sangre,
tus piernas que se adhieren al sol dando gemidos,
y tus tetas de nácar y tus pies de amapola,
como embudos llenos de dientes que buscan sombra,
como rosas hechas de látigo y perfume, y aun,
aun más, aun más,
aun detrás de los párpados, aun detrás del cielo,
aun detrás de los trajes y los viajes, en las calles
        donde la gente orina,
adivinas los cuerpos,
en las agrias iglesias a medio destruir, en las cabinas
        que el mar lleva en las manos,
acechas con tus labios sin embargo floridos,
rompes a cuchilladas la madera y la plata,
crecen tus grandes venas que asustan:
no hay cáscaras, no hay distancia ni hierro,
tocan manos tus manos,
y caes haciendo crepitar las flores negras.

Adivinas los cuerpos!
Como un insecto herido de mandatos,
adivinas el centro de la sangre y vigilas

los músculos que postergan la aurora, asaltas
       sacudidas,
relámpagos, cabezas,
y tocas largamente las piernas que te guían.

Oh conducida herida de flechas especiales!

Hueles lo húmedo en medio de la noche?

O un brusco vaso de rosales quemados?

Oyes caer la ropa, las llaves, las monedas
en las espesas casas donde llegas desnuda?

Mi odio es una sola mano que te indica
el callado camino, las sábanas en que alguien ha
       dormido
con sobresaltos: llegas
y ruedas por el suelo manejada y mordida,
y el viejo olor del semen como una enredadera
de cenicienta harina se desliza a tu boca.

Ay leves locas copas y pestañas,
aire que inunda un entreabierto río
como una sola paloma de colérico cauce,
como atributo de agua sublevada,
ay substancias, sabores, párpados de ala viva
con un temblor, con una ciega flor temible,
ay graves, serios pechos como rostros,
ay grandes muslos llenos de miel verde,
y talones y sombra de pies, y transcurridas
respiraciones y superficies de pálida piedra

y duras olas que suben la piel hacia la muerte
llenas de celestiales harinas empapadas.
Entonces, este río
va entre nosotros, y por una ribera
vas tú mordiendo bocas?

Entonces es que estoy verdaderamente,
        verdaderamente lejos
y un río de agua ardiendo pasa en lo oscuro?
Ay cuántas veces eres la que el odio no nombra,
y de qué modo hundido en las tinieblas,
y bajo qué lluvias de estiércol machacado
tu estatua en mi corazón devora el trébol.

El odio es un martillo que golpea tu traje
y tu frente escarlata,
y los días del corazón caen en tus orejas
como vagos búhos de sangre eliminada,
y los collares que gota a gota se formaron con
        lágrimas
rodean tu garganta quemándote la voz como con hielo.

Es para que nunca, nunca
hables, es para que nunca, nunca
salga una golondrina del nido de la lengua
y para que las ortigas destruyan tu garganta
y un viento de buque áspero te habite.

En dónde te desvistes?
En un ferrocarril, junto a un peruano rojo
o con un segador, entre terrones, a la violenta
luz del trigo?

O corres con ciertos abogados de mirada terrible
largamente desnuda, a la orilla del agua de la noche?

Miras: no ves la luna ni el jacinto
ni la oscuridad goteada de humedades,
ni el tren de cieno, ni el marfil partido:
ves cinturas delgadas como oxígeno,
pechos que aguardan acumulando peso
e idéntica al zafiro de lunar avaricia
palpitas desde el dulce ombligo hasta las rosas.

Por qué sí? Por qué no? Los días descubiertos
aportan roja arena sin cesar destrozada
a las hélices puras que inauguran el día,
y pasa un mes con corteza de tortuga,
pasa un estéril día,
pasa un buey, un difunto,
una mujer llamada Rosalía,
y no queda en la boca sino un sabor de pelo
y de dorada lengua que con sed se alimenta.
Nada sino esa pulpa de los seres,
nada sino esa copa de raíces.

Yo persigo como en un túnel roto, en otro extremo
carne y besos que debo olvidar injustamente,
y en las aguas de espaldas, cuando ya los espejos
avivan el abismo, cuando la fatiga, los sórdidos
        relojes
golpean a la puerta de hoteles suburbanos, y cae
la flor de papel pintado, y el terciopelo cagado por
        las ratas y la cama
cien veces ocupada por miserables parejas, cuando

todo me dice que un día ha terminado, tú y yo
hemos estado juntos derribando cuerpos,
construyendo una casa que no dura ni muere,
tú y yo hemos corrido juntos un mismo río
con encadenadas bocas llenas de sal y sangre,
tú y yo hemos hecho temblar otra vez las luces verdes
y hemos solicitado de nuevo las grandes cenizas.

Recuerdo sólo un día
que tal vez nunca me fue destinado,
era un día incesante,
sin orígenes. Jueves.
Yo era un hombre transportado al acaso
con una mujer hallada vagamente,
nos desnudamos
como para morir o nadar o envejecer
y nos metimos uno dentro del otro,
ella rodeándome como un agujero,
yo quebrándola como quien
golpea una campana,
pues ella era el sonido que me hería
y la cúpula dura decidida a temblar.

Era una sorda ciencia con cabello y cavernas
y machacando puntas de médula y dulzura
ha rodado a las grandes coronas genitales
entre piedras y asuntos sometidos.
Este es un cuento de puertos adonde
llega uno, al azar, y sube a las colinas,
suceden tantas cosas.

Enemiga, enemiga,
es posible que el amor haya caído al polvo

y no haya sido carne y huesos velozmente adorados
mientras el fuego se consume
y los caballos vestidos de rojo galopan al infierno?

Yo quiero para mí la avena y el relámpago
a fondo de epidermis,
y el devorante pétalo desarrollado en furia,
y el corazón labial del cerezo de junio,
y el reposo de lentas barrigas que arden sin dirección,
pero me falta un suelo de cal con lágrimas
y una ventana donde esperar espumas.

Así es la vida,
corre tú entre las hojas, un otoño
negro ha llegado,
corre vestida con una falda de hojas y un cinturón de
        metal amarillo,
mientras la neblina de la estación roe las piedras.

Corre con tus zapatos, con tus medias,
con el gris repartido, con el hueco del pie, y con esas
        manos que el tabaco salvaje adoraría,
golpea escaleras, derriba
el papel negro que protege las puertas,
y entra en medio del sol y la ira de un día de puñales
a echarte como paloma de luto y nieve sobre un
        cuerpo.

Es una sola hora larga como una vena,
y entre el ácido y la paciencia del tiempo arrugado
transcurrimos,
apartando las sílabas del miedo y la ternura,
interminablemente exterminados.

La lluvia
(Rapa Nui)

No, que la Reina no reconozca
tu rostro, es más dulce
así, amor mío, lejos de las efigies, el peso
de tu cabellera en mis manos, recuerdas
el árbol de Mangareva cuyas flores caían
sobre tu pelo? Estos dedos no se parecen
a los pétalos blancos: míralos, son como raíces,
son como tallos de piedra sobre los que resbala
el lagarto. No temas, esperemos que caiga la
        lluvia,desnudos,
la lluvia, la misma que cae sobre Manu Tara.

Pero así como el agua endurece sus rasgos en la
        piedra,
sobre nosotros cae llevándonos suavemente
hacia la oscuridad, más abajo del agujero
de Ranu Raraku. Por eso
que no te divise el pescador ni el cántaro. Sepulta
tus pechos de quemadura gemela en mi boca,
y que tu cabellera sea una pequeña noche mía,
una oscuridad cuyo perfume mojado me cubre.

De noche sueño que tú y yo somos dos plantas
que se elevaron juntas, con raíces enredadas,
y que tú conoces la tierra y la lluvia como mi boca,
porque de tierra y de lluvia estamos hechos. A veces
pienso que con la muerte dormiremos abajo,
en la profundidad de los pies de la efigie, mirando
el océano que nos trajo a construir y a amar.

Mis manos no eran férreas cuando te conocieron, las
       aguas
de otro mar las pasaban como a una red; ahora
agua y piedra sostienen semillas y secretos.

Ámame dormida y desnuda, que en la orilla
eres como la isla: tu amor confuso, tu amor
asombrado, escondido en la cavidad de los sueños,
es como el movimiento del mar que nos rodea.

Y cuando yo también vaya durmiéndome
en tu amor, desnudo,
deja mi mano entre tus pechos para que palpite
al mismo tiempo que tus pezones mojados en la lluvia.

El hondero

Amor, tal vez amor indeciso, inseguro:
sólo un golpe de madreselvas en la boca,
sólo unas trenzas cuyo movimiento subía
hacia mi soledad como una hoguera negra,
y lo demás: el río nocturno, las señales
del cielo, la fugaz primavera mojada,
la enloquecida frente solitaria, el deseo
levantando sus crueles tulipas en la noche.
Yo deshojé las constelaciones, hiriéndome,
afilando mis dedos en el tacto de estrellas,
hilando hebra por hebra la contextura helada
de un castillo sin puertas,
                oh estrellados amores

cuyo jazmín detiene su transparencia en vano,
oh nubes que en el día del amor desembocan,
como un sollozo entre las hierbas hostiles,
desnuda soledad amarrada a una sombra,
a una herida adorada, a una luna indomable.
Nómbrame, dije tal vez a los rosales:
ellos tal vez, la sombra de confusa ambrosía,
cada temblor del mundo conocía mis pasos,
me esperaba el rincón más oculto, la estatua
del árbol soberano en la llanura:
todo en la encrucijada llegó a mi desvarío
desgranando mi nombre sobre la primavera.
Y entonces, dulce rostro, azucena quemada,
tú la que no dormiste con mi sueño, bravía,
medalla perseguida por una sombra, amada
sin nombre, hecha de toda la estructura del polen,
de todo el viento ardiendo sobre estrellas impuras:
oh amor, desenredado jardín que se consume,
en ti se levantaron mis sueños y crecieron
como una levadura de panes tenebrosos.

La estudiante
(1923)

Oh tú, más dulce, más interminable
que la dulzura, carnal enamorada
entre las sombras: de otros días
surges llenando de pesado polen
tu copa, en la delicia.
                    Desde la noche llena
de ultrajes, noche como el vino

desbocado, noche de oxidada púrpura,
a ti caí como una torre herida,
y entre las pobres sábanas tu estrella
palpitó contra mí quemando el cielo.

Oh redes del jazmín, oh fuego físico
alimentado en esta nueva sombra,
tinieblas que tocamos apretando
la cintura central, golpeando el tiempo
con sanguinarias ráfagas de espigas.

Amor sin nada más, en el vacío
de una burbuja, amor con calles muertas,
amor, cuando murió toda la vida
y nos dejó encendiendo los rincones.

Mordí mujer, me hundí desvaneciéndome
desde mi fuerza, atesoré racimos,
y salí a caminar de beso en beso,
atado a las caricias, amarrado
a esta gruta de fría cabellera,
a estas piernas por labios recorridas:
hambriento entre los labios de la tierra,
devorando con labios devorados.

Regresó la sirena

Amor, como si un día
te murieras,
y yo cavara
noche y día

en tu sepulcro
y te recompusiera,
levantara tus senos desde el polvo,
la boca que adoré, de sus cenizas,
construyera de nuevo
tus brazos y tus piernas y tus ojos,
tu cabellera de metal torcido
y te diera la vida
con el amor que te ama,
te hiciera andar de nuevo,
palpitar otra vez en mi cintura,
así, amor, levantaron de nuevo
la ciudad de Varsovia.

Yo llegaría ciego a tus cenizas
pero te buscaría,
y poco a poco irías elevando
los edificios dulces de tu cuerpo,
y así encontraron ellos
en la ciudad amada
sólo viento y ceniza,
fragmentos arrasados,
carbones que lloraban en la lluvia,
sonrisas de mujer bajo la nieve.
Muerta estaba la bella,
no existían ventanas,
la noche se acostaba sobre la blanca muerta,
el día iluminaba la pradera vacía.

Y así la levantaron,
con amor, y llegaron
ciegos y sollozantes,

pero cavaron hondo,
limpiaron la ceniza.
Era tarde, la noche,
el cansancio, la nieve
detenían la pala,
y ellos cavando hallaron
primero la cabeza,
los blancos senos de la dulce muerta,
su traje de sirena,
y al fin el corazón bajo la tierra,
enterrado y quemado pero vivo,
y hoy vive vivo, palpitando en medio
de la reconstrucción de su hermosura.

Ahora comprendes cómo
el amor construyó las avenidas,
hizo cantar la luna en los jardines.
Hoy cuando
pétalo a pétalo cae la nieve
sobre los techos y los puentes
y el invierno golpea
las puertas de Varsovia,
el fuego, el canto
viven de nuevo en los hogares
que edificó el amor sobre la muerte.

Ay de aquellos que huyeron y creyeron
escapar con la poesía:
no saben que el amor está en Varsovia,
y que cuando la muerte
allí fue derrotada,
y cuando el río pasa

reconociendo seres y destinos,
como dos flores de perfume y plata,
ciudad y poesía,
Varsovia y poesía,
en sus cúpulas claras
guardan la luz, el fuego y el pan de su destino.

Varsovia milagrosa,
corazón enterrado
de nuevo vivo y libre,
ciudad en que se prueba
cómo el hombre es más grande
que toda la desdicha,
Varsovia, déjame
tocar tus muros.

No están hechos de piedra o de madera,
de esperanza están hechos,
y el que quiera tocar la esperanza,
materia firme y dura,
tierra tenaz que canta,
metal que reconstruye,
arena indestructible,
cereal infinito,
miel para todos los siglos,
martillo eterno,
estrella vencedora,
herramienta invencible,
cemento de la vida,
la esperanza,
que aquí la toquen,
que aquí sientan en ella cómo sube

la vida y la sangre de nuevo,
porque el amor, Varsovia,
levantó tu estatura de sirena
y si toco tus muros,
tu piel sagrada,
comprendo
que eres la vida y que en tus muros
ha muerto, al fin, la muerte.

La pasajera de Capri

De dónde, planta o rayo,
de dónde, rayo negro o planta dura,
venías y viniste
hasta el rincón marino?

Sombra del continente más lejano
hay en tus ojos, luna abierta
en tu boca salvaje,
y tu rostro es el párpado
de una fruta dormida,
el pezón satinado de una estrella es tu forma,
sangre y fuego de antiguas lanzas hay en tus labios.

De dónde recogiste
pétalos transparentes
de manantial, de dónde
trajiste la semilla
que reconozco? Y luego
el mar de Capri en ti, mar extranjero,
detrás de ti las rocas, el aceite,

la recta claridad bien construida,
pero tú, yo conozco,
yo conozco esa rosa,
yo conozco la sangre de esa rosa,
yo sé que la conozco,
yo sé de dónde viene,
y huelo el aire libre de ríos y caballos,
que tu presencia trae a mi memoria.
Tu cabellera es una carta roja,
llena de bruscos besos y noticias,
tu afirmación, tu investidura clara
me hablan a mediodía,
a medianoche llaman a mi puerta
como si adivinaran
adónde quieren regresar mis pasos.

Tal vez, desconocida,
la sal de Maracaibo
suena en tu voz llenándola de sueño,
o el frío viento de Valparaíso
sacudió tu razón cuando crecías,
lo cierto es que hoy, mirándote al pasar
entre las aves de pecho rosado
de los farallones de Capri,
la llamarada de tus ojos: algo
que vi volar desde tu pecho: el aire
que rodea tu piel: la luz nocturna
que de tu corazón sin duda sale:
algo llegó a mi boca
con un sabor de flor que conocía,
algo tiñó mis labios con el licor oscuro
de las plantas silvestres de mi infancia,

y yo pensé, esta dama,
aunque el clásico azul derrame todos
los racimos del cielo en su garganta,
aunque detrás de ella los templos
nimben con su blancura coronada
tanta hermosura,
ella no es, ella es otra,
algo crepita en ella que me llama,
toda la tierra que me dio la vida
está en esta mirada, y estas manos
sutiles
recogieron el agua en la vertiente,
y estos menudos pies fueron midiendo
las volcánicas islas de mi patria.

Oh tú, desconocida, dulce y dura,
cuando ya tu paso
descendió hasta perderse,
y sólo las columnas
del templo roto y el zafiro verde
del mar que canta en mi destierro
quedaron solos, solos
conmigo y con tu sombra,
mi corazón dio un gran latido,
como si una gran piedra sostenida
en la invisible altura
cayera de repente
sobre el agua y saltaran las espumas.
Y desperté de tu presencia entonces
con el rostro regado
por tu salpicadura,
agua y aroma y sueño,
distancia y tierra y ola.

Un día

A ti, amor, este día,
a ti te lo consagro.
Nació azul, con un ala
blanca en mitad del cielo,
llegó la luz
a la inmovilidad de los cipreses,
los seres diminutos
salieron a la orilla de una hoja
o a la mancha del sol en una piedra.
Y el día sigue azul
hasta que entre en la noche como un río
y haga temblar la sombra con sus aguas azules.

A ti, amor, este día.

Apenas, desde lejos, desde el sueño,
lo presentí y apenas
me tocó su tejido
de red incalculable,
yo pensé: es para ella.
Fue un latido de plata,
fue sobre el mar volando un pez azul,
fue un contacto de arenas deslumbrantes,
fue el vuelco de una flecha
que entre el cielo y la tierra
atravesó mi sangre
y como un rayo recogí en mi cuerpo
la desbordada claridad del día.

Es para ti, amor mío.

Yo dije: es para ella.
Este vestido es suyo.
El relámpago azul que se detuvo
sobre el agua y la tierra
a ti te lo consagro.

A ti, amor, este día.

Como una copa eléctrica
o una corola de agua temblorosa,
levántalo en tus manos,
bébelo con los ojos y la boca,
derrámalo en tus venas para que arda
la misma luz en tu sangre y la mía.

Yo te doy este día
con todo lo que traiga:
las transparentes uvas de zafiro
y la ráfaga rota
que acerque a tu ventana
los dolores del mundo.

Yo te doy todo el día.

De claridad y de dolor haremos
el pan de nuestra vida,
sin rechazar lo que nos traiga el viento
ni recoger sólo la luz del cielo
sino las cifras ásperas
de la sombra en la tierra.
Todo te pertenece.

Todo este día con su azul racimo
y la secreta lágrima de sangre
que tú encontrarás en la tierra.

Y no te cegará la oscuridad
ni la luz deslumbrante:
de este amasijo humano
están hechas las vidas,
y de este pan del hombre comeremos.

Y nuestro amor hecho de luz oscura
y de sombra radiante
será como este día vencedor
que entrará como un río
de claridad en medio de la noche.

Toma este día, amada.
Todo este día es tuyo.

Se lo doy a tus ojos, amor mío,
se lo doy a tu pecho,
te lo dejo en las manos y en el pelo,
como un ramo celeste.
Te lo doy para que hagas un vestido
de plata azul y de agua.
Cuando llegue
la noche que este día inundará
con su red temblorosa,
tiéndete junto a mí,
tócame y cúbreme,
con todos los tejidos estrellados

de la luz y la sombra,
y cierra tus ojos entonces
para que yo me duerma.

En ti la tierra

Pequeña
rosa,
rosa pequeña,
a veces,
diminuta y desnuda,
parece
que en una mano mía
cabes,
que así voy a cerrarte
y a llevarte a mi boca,
pero
de pronto
mis pies tocan tus pies y mi boca tus labios,
has crecido
suben tus hombros como dos colinas,
tus pechos se pasean por mi pecho,
mi brazo alcanza apenas a rodear la delgada
línea de luna nueva que tiene tu cintura:
en el amor como agua de mar te has desatado;
mido apenas los ojos más extensos del cielo
y me inclino a tu boca para besar la tierra.

La reina

Yo te he nombrado reina.
Hay más altas que tú, más altas.
Hay más puras que tú, más puras.
Hay más bellas que tú, hay más bellas.

Pero tú eres la reina.

Cuando vas por las calles
nadie te reconoce.
Nadie ve tu corona de cristal, nadie mira
la alfombra de oro rojo
que pisas donde pasas,
la alfombra que no existe.

Y cuando asomas
suenan todos los ríos
en mi cuerpo, sacuden
el cielo las campanas,
y un himno llena el mundo.

Sólo tú y yo,
sólo tú y yo, amor mío,
lo escuchamos.

Tu risa

Quítame el pan, si quieres,
quítame el aire, pero
no me quites tu risa.

No me quites la rosa,
la lanza que desgranas,
el agua que de pronto
estalla en tu alegría,
la repentina ola
de plata que te nace.

Mi lucha es dura y vuelvo
con los ojos cansados
a veces de haber visto
la tierra que no cambia,
pero al entrar tu risa
sube al cielo buscándome
y abre para mí todas
las puertas de la vida.

Amor mío, en la hora
más oscura desgrana
tu risa, y si de pronto
ves que mi sangre mancha
las piedras de la calle,
ríe, porque tu risa
será para mis manos
como una espada fresca.

Junto al mar en otoño,
tu risa debe alzar
su cascada de espuma,
y en primavera, amor,
quiero tu risa como
la flor que yo esperaba,

la flor azul, la rosa
de mi patria sonora.

Ríete de la noche,
del día, de la luna,
ríete de las calles
torcidas de la isla,
ríete de este torpe
muchacho que te quiere,
pero cuando yo abro
los ojos y los cierro,
cuando mis pasos van,
cuando vuelven mis pasos,
niégame el pan, el aire,
la luz, la primavera,
pero tu risa nunca
porque me moriría.

El inconstante

Los ojos se me fueron
tras una morena que pasó.

Era de nácar negro,
era de uvas moradas,
y me azotó la sangre
con su cola de fuego.

Detrás de todas
me voy.

Pasó una clara rubia

como una planta de oro
balanceando sus dones.
Y mi boca se fue
como con una ola
descargando en su pecho
relámpagos de sangre.

Detrás de todas
me voy.

Pero a ti, sin moverme,
sin verte, tú distante,
van mi sangre y mis besos,
morena y clara mía,
alta y pequeña mía,
ancha y delgada mía,
mi fea, mi hermosura,
hecha de todo el oro
y de toda la plata,
hecha de todo el trigo
y de toda la tierra,
hecha de toda el agua
de las olas marinas,
hecha para mis brazos,
hecha para mis besos,
hecha para mi alma.

La noche en la isla

Toda la noche he dormido contigo
junto al mar, en la isla.

Salvaje y dulce eras entre el placer y el sueño,
entre el fuego y el agua.

Tal vez muy tarde
nuestros sueños se unieron
en lo alto o en el fondo,
arriba como ramas que un mismo viento mueve,
abajo como rojas raíces que se tocan.

Tal vez tu sueño
se separó del mío
y por el mar oscuro
me buscaba
como antes
cuando aún no existías,
cuando sin divisarte
navegué por tu lado,
y tus ojos buscaban
lo que ahora
—pan, vino, amor y cólera—
te doy a manos llenas
porque tú eres la copa
que esperaba los dones de mi vida.

He dormido contigo
toda la noche mientras
la oscura tierra gira
con vivos y con muertos,
y al despertar de pronto
en medio de la sombra
mi brazo rodeaba tu cintura.
Ni la noche, ni el sueño
pudieron separarnos.

He dormido contigo
y al despertar tu boca
salida de tu sueño
me dio el sabor de tierra,
de agua, marina, de algas,
del fondo de tu vida,
y recibí tu beso
mojado por la aurora
como si me llegara
del mar que nos rodea.

El viento en la isla

El viento es un caballo:
óyelo cómo corre
por el mar, por el cielo.

Quiere llevarme: escucha
cómo corre el mundo
para llevarme lejos.

Escóndeme en tus brazos
por esta noche sola,
mientras la lluvia rompe
contra el mar y la tierra
su boca innumerable.

Escucha cómo el viento
me llama galopando
para llevarme lejos.

Con tu frente en mi frente,
con tu boca en mi boca,
atados nuestros cuerpos
al amor que nos quema,
deja que el viento pase
sin que pueda llevarme.

Deja que el viento corra
coronado de espuma,
que me llame y me busque
galopando en la sombra,
mientras yo, sumergido
bajo tus grandes ojos,
por esta noche sola
descansaré, amor mío.

La infinita

Ves estas manos? Han medido
la tierra, han separado
los minerales y los cereales,
han hecho la paz y la guerra,
han derribado las distancias
de todos los mares y ríos,
y sin embargo
cuando te recorren
a ti, pequeña,
grano de trigo, alondra,
no alcanzan a abarcarte,
se cansan alcanzando
las palomas gemelas
que reposan o vuelan en tu pecho,

recorren las distancias de tus piernas,
se enrollan en la luz de tu cintura.
Para mí eres tesoro más cargado
de inmensidad que el mar y sus racimos
y eres blanca y azul y extensa como
la tierra en la vendimia.
En ese territorio,
de tus pies a tu frente,
andando, andando, andando,
me pasaré la vida.

Ausencia

Apenas te he dejado
vas en mí, cristalina
o temblorosa,
o inquieta, herida por mí mismo
o colmada de amor, como cuando tus ojos
se cierran sobre el don de la vida
que sin cesar te entrego.

Amor mío,
nos hemos encontrado
sedientos y nos hemos
bebido toda el agua y la sangre,
nos encontramos
con hambre
y nos mordimos
como el fuego muerde,
dejándonos heridas.

Pero espérame,
guárdame tu dulzura.
Yo te daré también
una rosa.

El olvido

Todo el amor en una copa
ancha como la tierra, todo
el amor con estrellas y espinas
te di, pero anduviste
con pies pequeños, con tacones sucios
sobre el fuego, apagándolo.

Ay gran amor, pequeña amada!

No me detuve en la lucha.
No dejé de marchar hacia la vida,
hacia la paz, hacia el pan para todos,
pero te alcé en mis brazos
y te clavé a mis besos
y te miré como jamás
volverán a mirarte ojos humanos.
Ay gran amor, pequeña amada!

Entonces no mediste mi estatura,
y al hombre que para ti apartó
la sangre, el trigo, el agua
confundiste
con el pequeño insecto que te cayó en la falda.

Ay gran amor, pequeña amada!

No esperes que te mire en la distancia
hacia atrás, permanece
con lo que te dejé, pasea
con mi fotografía traicionada,
yo seguiré marchando,
abriendo anchos caminos contra la sombra,
haciendo
suave la tierra, repartiendo
la estrella para los que vienen.

Quédate en el camino.
Ha llegado la noche para ti.
Tal vez de madrugada
nos veremos de nuevo.

Ay gran amor, pequeña amada!

La muerta

Si de pronto no existes,
si de pronto no vives,
yo seguiré viviendo.

No me atrevo,
no me atrevo a escribirlo,
si te mueres.

Yo seguiré viviendo.

Porque donde no tiene voz un hombre
allí, mi voz.

Donde los negros sean apaleados,
yo no puedo estar muerto.
Cuando entren en la cárcel mis hermanos
entraré yo con ellos.

Cuando la victoria,
no mi victoria,
sino la gran victoria
llegue
aunque esté mudo debo hablar:
yo la veré aunque esté ciego.

No, perdóname.
Si tú no vives,
si
tú, querida, amor mío,
si tú
te has muerto,
todas las hojas caerán en mi pecho,
lloverá sobre mi alma noche y día,
la nieve quemará mi corazón,
andaré con frío y fuego y muerte y nieve,
mis pies querrán marchar hacia donde tú duermes,
pero
seguiré vivo,
porque tú me quisiste sobre todas las cosas
indomable,
y, por amor, porque tú sabes que soy no sólo un
            hombre
sino todos los hombres.

Oda al amor

Amor, hagamos cuentas.
A mi edad
no es posible
engañar o engañarnos.
Fui ladrón de caminos,
tal vez,
no me arrepiento.
Un minuto profundo,
una magnolia rota
por mis dientes
y la luz de la luna
celestina.
Muy bien, pero, el balance?

La soledad mantuvo
su red entretejida
de fríos jazmineros
y entonces
la que llegó a mis brazos
fue la reina rosada
de las islas.
Amor,
con una gota
aunque caiga
durante toda y toda
la nocturna
primavera
no se forma el océano
y me quedé desnudo,
solitario, esperando.

Pero, he aquí que aquella
que pasó por mis brazos
como una ola,
aquella
que sólo fue un sabor
de fruta vespertina,
de pronto
parpadeó como estrella,
ardió como paloma
y la encontré en mi piel
desenlazándose
como la cabellera de una hoguera.
Amor, desde aquel día
todo fue más sencillo.
Obedecí las órdenes
que mi olvidado corazón me daba
y apreté su cintura
y reclamé su boca
con todo el poderío
de mis besos,
como un rey que arrebata
con un ejército desesperado
una pequeña torre donde crece
la azucena salvaje de su infancia.
Por eso, Amor, yo creo
que enmarañado y duro
puede ser tu camino,
pero que vuelves
de tu cacería
y cuando enciendes
otra vez el fuego,

como el pan en la mesa,
así, con sencillez,
debe estar lo que amamos.
Amor, eso me diste.
Cuando por vez primera
ella llegó a mis brazos
pasó como las aguas
en una despeñada primavera.
Hoy
la recojo.
Son angostas mis manos y pequeñas
las cuencas de mis ojos
para que ellas reciban
su tesoro,
la cascada
de interminable luz, el hilo de oro,
el pan de su fragancia
que son sencillamente, Amor, mi vida.

Oda al día feliz

Esta vez dejadme
ser feliz.
Nada ha pasado a nadie,
no estoy en parte alguna,
sucede solamente
que soy feliz
por los cuatro costados
del corazón, andando,
durmiendo o escribiendo.
Qué voy a hacerle? Soy

feliz,
soy más innumerable
que el pasto
en las praderas,
siento la piel como un árbol rugoso
y el agua abajo,
los pájaros arriba,
el mar como un anillo
en mi cintura,
hecha de pan y piedra la tierra,
el aire canta como una guitarra.

Tú a mi lado en la arena
eres arena,
tú cantas y eres canto,
el mundo
es hoy mi alma:
canto y arena,
el mundo
es hoy tu boca:
dejadme
en tu boca y en la arena
ser feliz,
ser feliz porque sí, porque respiro
y porque tú respiras,
ser feliz porque toco
tu rodilla
y es como si tocara
la piel azul del cielo
y su frescura.

Hoy dejadme

a mí solo
ser feliz,
con todos o sin todos,
ser feliz
con el pasto
y la arena,
ser feliz
con el aire y la tierra,
ser feliz
contigo, con tu boca,
ser feliz.

Oda a la malvenida

Planta de mi país, rosa de tierra,
estrella trepadora,
zarza negra,
pétalo de la luna en el océano
que amé con sus desgracias y sus olas,
con sus puñales y sus callejones,
amapola
erizada,
clavel de nácar negro,
por qué
cuando mi copa
desbordó y cuando
mi corazón cambió de luto a fuego,
cuando no tuve para ti, para ofrecerte,
lo que toda la vida te esperaba,
entonces
tú llegaste,

cuando letras quemantes
van ardiendo en mi frente,
por qué la línea pura
de tu nupcial contorno
llegó como un anillo
rodando por la tierra?
No debías
de todas y de todas
llegar a mi ventana
como un jazmín tardío.
No eras, oh llama oscura,
la que debió tocarme
y subir con mi sangre
hasta mi boca.
Ahora,
qué puedo contestarte?
Consúmete,
no esperes,
no hay espera
para tus labios de piedra nocturna.
Consúmete,
tú en la llama,
yo en mi fuego,
y ámame
por el amor que no pudo esperarte,
ámame en lo que tú y yo
tenemos de piedra o de planta:
seguiremos viviendo
de lo que no nos dimos:
del hombro en que no pudo reclinarse una rosa,
de una flor que su propia quemadura ilumina

Oda a la pareja

I

Reina, es hermoso ver
marcando mi camino
tu pisada pequeña
o ver tus ojos
enredándose
en todo lo que miro,
ver despertar tu rostro
cada día,
sumergirse
en el mismo
fragmento
de sombra
cada noche.
Hermoso
es ver
el tiempo
que corre
como el mar
contra una sola proa
formada por tus senos y mi pecho,
por tus pies y mis manos.
Pasan por tu perfil
olas del tiempo,
las mismas que me azotan
y me encienden,
olas como furiosas
dentelladas de frío
y olas como los granos
de la espiga.

Pero
estamos juntos,
resistimos,
guardando
tal vez
espuma negra o roja
en la memoria,
heridas
que palpitaron como labios o alas.
Vamos andando juntos
por calles y por islas,
bajo el violín quebrado
de las ráfagas,
frente a un dios enemigo,
sencillamente juntos
un hombre y una mujer.

II

Aquellos
que no han sentido cada
día del mundo
caer
sobre la doble
máscara del navío,
no la sal sino el tiempo,
no la sombra
sino el paso desnudo
de la dicha,
cómo podrán cerrar
los ojos,
los ojos solitarios y dormir?

No me gusta
la casa sin tejado,
la ventana sin vidrios.
No me gusta
el día sin trabajo,
ni la noche sin sueño.
No me gusta
el hombre
sin mujer,
ni la mujer
sin hombre.

Complétate,
hombre o mujer, que nada
te intimide.
En algún sitio
ahora
están esperándote.
Levántate:
tiembla
la luz en las campanas,
nacen
las amapolas,
tienes
que vivir
y amasar
con barro y luz tu vida.

Si sobre dos cabezas
cae la nieve
es dulce el corazón

caliente de la casa.
De otra manera,
en la intemperie, el viento
te pregunta:
dónde está
la que amaste?
y te empuja, mordiéndote, a buscarla.
Media mujer es una
y un hombre es medio hombre.
En media casa viven,
duermen en medio lecho.

Yo quiero
que las vidas se integren
encendiendo los besos
hasta ahora apagados.
Yo soy el buen poeta
casamentero. Tengo
novias
para todos los hombres.
Todos los días veo
mujeres solitarias
que por ti preguntan.
Te casaré, si quieres,
con la hermana
de la sirena reina de las islas.
Por desgracia, no puedes
casarte con la reina,
porque me está esperando.
Se casará conmigo.

Oda a un reloj en la noche

En la noche, en tu mano,
brilló como luciérnaga
mi reloj.
Oí
su cuerda:
como un susurro seco
salía
de tu mano invisible.
Tu mano entonces
volvió a mi pecho oscuro
a recoger mi sueño y su latido.

El reloj
siguió cortando el tiempo
con una pequeña sierra.
Como en un bosque
caen
fragmentos de madera,
mínimas gotas, trozos
de ramajes o nidos,
sin que cambie el silencio,
sin que la fresca oscuridad termine,
así
siguió el reloj cortando,
desde tu mano invisible,
tiempo, tiempo,
y cayeron
minutos como hojas,
fibras de tiempo roto,
pequeñas plumas negras.

Como en el bosque
olíamos raíces,
el agua en algún sitio desprendía
una gotera gruesa
como uva mojada.
Un pequeño molino
molía noche:
la sombra susurraba
cayendo de tu mano
y llenaba la tierra.
Polvo,
tierra, distancia
molía y molía
mi reloj en la noche,
desde tu mano.

Yo puse
mi brazo
bajo tu cuello invisible,
bajo su peso tibio,
y en mi mano
cayó el tiempo,
la noche,
pequeños ruidos
de madera y de bosque,
de noche dividida,
de fragmentos de sombra,
de agua que cae y cae:
entonces
cayó el sueño
desde el reloj y desde
tus dos manos dormidas:

cayó como agua oscura
de los bosques,
del reloj
a tu cuerpo,
de ti hacia los países,
agua oscura,
tiempo que cae
y corre
adentro de nosotros.

Y así fue aquella noche,
sombra y espacio, tierra
y tiempo,
algo que corre y cae
y pasa.
Y así todas las noches
van por la tierra,
no dejan sino un vago
aroma negro.
Cae una hoja,
una gota
en la tierra
apaga su sonido:
duerme el bosque, las aguas,
las praderas,
las campanas,
los ojos.

Te oigo y respiras,
amor mío,
dormimos.

Oda a su aroma

Suave mía, a qué hueles,
a qué fruto,
a qué estrella, a qué hoja?

Cerca
de tu pequeña oreja
o en tu frente
me inclino,
clavo
la nariz contra el pelo
y la sonrisa
buscando, conociendo
la raza de tu aroma.
Es suave, pero
no es flor, no es cuchillada
de clavel penetrante
o arrebatado aroma
de violentos
jazmines:
es algo, es tierra,
es
aire,
maderas o manzanas,
olor
de la luz en la piel,
aroma
de la hoja
del árbol
de la vida
con polvo

de camino
y frescura
de matutina sombra
en las raíces,
olor de piedra y río,
pero
más cerca
de un durazno,
de la tibia
palpitación secreta
de la sangre,
olor
a casa pura
y a cascada,
fragancia
de paloma
y cabellera,
aroma
de mi mano
que recorrió la luna
de tu cuerpo,
las estrellas
de tu piel estrellada,
el oro,
el trigo,
el pan de tu contacto,
y allí
en la longitud
de tu luz loca,
en tu circunferencia de vasija,
en la copa,
en los ojos de tus senos,

entre tus anchos párpados
y tu boca de espuma,
en todo
dejó,
dejó mi mano
olor de tinta y selva,
sangre y frutos perdidos,
fragancia
de olvidados planetas,
de puros
papeles vegetales:
allí
mi propio cuerpo
sumergido
en la frescura de tu amor, amada,
como en un manantial
o en el sonido
de un campanario,
arriba,
entre el olor del cielo
y el vuelo
de las últimas aves,
amor,
olor, palabra
de tu piel, del idioma,
de la noche en tu noche,
del día en tu mirada.

Desde tu corazón
sube
tu aroma
como desde la tierra

la luz hasta la cima del cerezo:
en tu piel yo detengo
tu latido
y huelo
la ola de luz que sube,
la fruta sumergida
en su fragancia,
la noche que respiras,
la sangre que recorre
tu hermosura
hasta llegar al beso
que me espera
en tu boca.

Oda a la bella desnuda

Con casto corazón, con ojos
puros,
te celebro, belleza,
reteniendo la sangre
para que surja y siga
la línea, tu contorno,
para
que te acuestes a mi oda
como en tierra de bosques o en espuma,
en aroma terrestre
o en música marina.

Bella desnuda,
igual
tus pies arqueados

por un antiguo golpe
del viento o del sonido
que tus orejas,
caracolas mínimas
del espléndido mar americano.
Iguales son tus pechos
de paralela plenitud, colmados
por la luz de la vida.
Iguales son
volando
tus párpados de trigo
que descubren
o cierran
dos países profundos en tus ojos.

La línea que tu espalda
ha dividido
en pálidas regiones
se pierde y surge
en dos tersas mitades
de manzana,
y sigue separando
tu hermosura
en dos columnas
de oro quemado, de alabastro fino,
a perderse en tus pies como en dos uvas,
desde donde otra vez arde y se eleva
el árbol doble de tu simetría,
fuego florido, candelabro abierto,
turgente fruta erguida
sobre el pacto del mar y de la tierra.

Tu cuerpo, en qué materia,
ágata, cuarzo, trigo,
se plasmó, fue subiendo
como el pan se levanta
de la temperatura
y señaló colinas
plateadas,
valles de un solo pétalo, dulzuras
de profundo terciopelo,
hasta quedar cuajada
la fina y firme forma femenina?

No sólo es luz que cae
sobre el mundo
la que alarga en tu cuerpo
su nieve sofocada,
sino que se desprende
de ti la claridad como si fueras
encendida por dentro.

Debajo de tu piel vive la luna.

Oda a la cascada

De pronto, un día
me levanté temprano
y te di una cascada.
De todo
lo que existe
sobre la tierra,
piedras,

edificios,
claveles,
de todo
lo que vuela en el aire,
nubes,
pájaros,
de todo
lo que existe
bajo la tierra,
minerales,
muertos,
no hay
nada tan fugitivo,
nada que cante
como una cascada.

Ahí la tienes:
ruge
como leona blanca,
brilla
como flor del fósforo,
sueña
con cada uno de tus sueños,
canta
en mi canto
dándome
pasajera platería.
Pero
trabaja
y mueve
la rueda
de un molino

y no sólo
es herido crisantemo,
sino realizadora
de la harina,
madre del pan que comes
cada día.

Nunca
te pesará lo que te he dado,
porque siempre
fue tuyo
lo que te di, la flor o la madera,
la palabra o el muro
que sostienen
todo el amor errante que reposa
ardiendo en nuestras manos,
pero de cuanto
te di,
te doy,
te entrego,
será esta
secreta
voz
del agua
la que un día
dirá en su idioma cuanto
tú y yo callamos,
contará nuestros besos
a la tierra,
a la harina,
seguirá
moliendo

trigo,
noche,
silencio,
palabras,
cuentos,
canto.

Oda a tus manos

Yo en un mercado
o en un mar de manos
las tuyas
reconocería
como dos aves blancas,
diferentes
entre todas las aves:
vuelan entre las manos,
migratorias,
navegan en el aire,
transparentes,
pero
vuelven
a tu costado,
a mi costado,
se repliegan, dormidas, en mi pecho.
Diáfanas son, delgadas
y desnudas,
lúcidas como
una cristalería,
y andan
como

abanicos
en el aire,
como plumas del cielo.

Al pan también y al agua se parecen,
al trigo, a los países de la luna,
al perfil de la almendra, al pez salvaje
que palpita plateado
en el camino
de los manantiales.

Tus manos van y vienen
trabajando,
lejos, suenan
tocando tenedores,
hacen fuego y de pronto chapotean
en el agua
negra de la cocina,
picotean la máquina aclarando
el matorral de mi caligrafía,
clavan en las paredes,
lavan ropa
y vuelven otra vez a su blancura.

Por algo
se dispuso en la tierra
que durmiera y volara
sobre mi corazón
este milagro.

Oda a pies de fuego

Con esos
pies
pequeños
parecidos
a abejas,
cómo
gastas
zapatos!
Yo sé
que vas y vienes,
que corres las escalas,
que adelantas al viento.
Antes
de que
te llame
ya has llegado,
y junto a la agresiva
cintura de la costa,
arena, piedra, espinas,
vas
a mi lado,
en los bosques
pisando troncos, mudas
aguas verdes
o en las calles
andando
intransitables
suburbios, pavimentos
de alquitrán fatigado.
A esa hora

en que la luz
del mundo
se deshilacha como
una bandera,
tú, por calles y bosques,
a mi lado
caminas,
bravía, inagotable
compañera,
pero,
Dios mío,
cómo gastas
zapatos!

Apenas
me parece
que llegaron
en su caja
y al abrirla
salieron
bruñidos
como dos
pequeñas herramientas
de combate,
intactos
como
dos monedas
de
oro,
como dos campanitas,
y hoy,
qué veo?

En tus pies
dos erizos
arrugados,
dos puños entreabiertos,
dos informes
pepinos,
dos batracios
de cuero
desteñido:
eso,
eso
han llegado
a ser
los dos luceros
hace un mes, sólo un mes
salidos
de la zapatería.

Como
flor amarilla de hermosura,
abierta en la barranca,
o enredadera viva en el ramaje,
como
la calceolaria
o el copihue
o como el amaranto electrizado,
así,
mi cristalina, mi fragante,
así tú, floreciendo, me acompañas,
y una pajarería, una cascada
de los australes
montes

es
tu corazón
cantando
junto al mío,
pero,
cómo
te comes
los zapatos,
Pies de Fuego!

Oda al secreto amor

Tú sabes
que adivinan
el misterio:
me ven,
nos ven,
y nada
se ha dicho,
ni tus ojos,
ni tu voz, ni tu pelo,
ni tu amor han hablado,
y lo saben
de pronto,
sin saberlo
lo saben:
me despido y camino
hacia otro lado
y saben
que me esperas.

Alegre
vivo
y canto
y sueño,
seguro
de mí mismo,
y conocen,
de algún modo,
que tú eres mi alegría.
Ven
a través del pantalón oscuro
las llaves
de tu puerta,
las llaves
del papel, de la luna
en los jazmines,
el canto en la cascada.
Tú, sin abrir la boca,
desbocada,
tú, cerrando los ojos,
cristalina,
tú, custodiando
entre las hojas negras
una paloma roja,
el vuelo
de un escondido corazón,
y entonces
una sílaba,
una gota
del cielo,
un sonido
suave de sombra y polen

en la oreja,
y todos
lo saben
amor mío,
circula entre los hombres,
en las librerías,
junto a las mujeres,
cerca
del mercado
rueda
el anillo
de nuestro
secreto
amor
secreto.

Déjalo
que se vaya
rodando
por las calles,
que asuste
a los retratos,
a los muros,
que vaya y vuelva
y salga
con las nuevas
legumbres del mercado,
tiene
tierra,
raíces,
y arriba
una amapola,

tu boca
una amapola.
Todo
nuestro secreto,
nuestra clave,
palabra
oculta,
sombra,
murmullo,
eso
que alguien
dijo
cuando no estábamos presentes,
es sólo una amapola,
una amapola.

Amor,
amor,
amor,
oh flor secreta,
llama
invisible,
clara
quemadura!

Oda a un cine de pueblo

Amor mío,
vamos
al cine del pueblito.

La noche transparente
gira
como un molino
mudo, elaborando
estrellas.
Tú y yo entramos
al cine
del pueblo, lleno de niños
y aroma de manzanas.
Son las antiguas cintas,
los
sueños ya gastados.
La pantalla ya tiene
color de piedra o lluvia.
La bella prisionera
del villano
tiene ojos de laguna
y voz de cisne,
corren
los más vertiginosos
caballos
de la tierra.
Los vaqueros
perforan
con sus tiros
la peligrosa luna
de Arizona.

Con el alma
en un hilo
atravesamos
estos

ciclones
de violencia,
la formidable
lucha
de los espadachines en la torre,
certeros como avispas,
la avalancha emplumada
de los indios
abriendo su abanico en la pradera.

Muchos
de los muchachos
del pueblo
se han dormido,
fatigados del día en la farmacia,
cansados de fregar en las cocinas.

Nosotros
no, amor mío.
No vamos a perdernos
este sueño
tampoco:
mientras
estemos
vivos
haremos nuestra
toda
la vida verdadera,
pero también
los sueños:
todos
los sueños
soñaremos.

Oda a la jardinera

Sí, yo sabía que tus manos eran
el alhelí florido, la azucena
de plata:
algo que ver tenías
con el suelo,
con el florecimiento de la tierra,
pero
cuando
te vi cavar, cavar,
apartar piedrecitas
y manejar raíces
supe de pronto,
agricultora mía,
que
no sólo
tus manos,
sino tu corazón
eran de tierra,
que allí
estabas
haciendo
cosas tuyas,
tocando
puertas
húmedas
por donde
circulan
las
semillas.

Así, pues,
de una a otra
planta
recién
plantada,
con el rostro
manchado
por un beso
del barro,
ibas
y regresabas
floreciendo,
ibas
y de tu mano
el tallo
de la alstromeria
elevó su elegancia solitaria,
el jazmín
aderezó
la niebla de tu frente
con estrellas de aroma y de rocío.
Todo
de ti crecía
penetrando
en la tierra
y haciéndose
inmediata
luz verde,
follaje y poderío.
Tú le comunicabas
tus semillas,
amada mía,

jardinera roja.
Tu mano
se tuteaba
con la tierra
y era instantáneo
el claro crecimiento.

Amor, así también
tu mano
de agua,
tu corazón de tierra,
dieron
fertilidad
y fuerza a mis canciones.

Tocas
mi pecho
mientras duermo
y los árboles brotan
de mi sueño.
Despierto, abro los ojos,
y has plantado
dentro de mí
asombradas estrellas
que suben
con mi canto.

Es así, jardinera:
nuestro amor
es
terrestre:
tu boca es planta de la luz, corola,
mi corazón trabaja en las raíces.

Oda al vals sobre las olas

Viejo vals, estás vivo
latiendo
suavemente
no a la manera
de un
corazón enterrado,
sino como el olor
de una planta profunda,
tal vez como el aroma
del olvido.

No conozco
los
signos
de la música,
ni sus libros sagrados,
soy un
pobre poeta
de las calles
y sólo
vivo y muero
cuando
de los sonidos enlutados
emerge sobre un mar de madreselva
la miel
antigua,
el baile coronado
por un ramo celeste de palmeras.

Oh, por las enramadas,

en la arena
de aquella costa, bajo
aquella luna,
bailar contigo el vals
de las espumas
apretando tu talle
y a la sombra
del cielo y su navío
besar sobre tus párpados tus ojos
despertando
el rocío
dormido en el jazmín fosforescente!
Oh, vals de labios puros
entreabiertos
al vaivén
amoroso
de las olas,
oh corazón
antiguo
levantado
en la nave
de la música,
oh vals
hecho
de
humo,
de palomas,
de nada,
que vives
sin embargo
como una cuerda fina,
indestructible,

trenzada con
recuerdos
imprecisos,
con soledad, con tierra,
con jardines!

Bailar contigo, amor,
a la fragante
luz
de aquella luna,
de aquella antigua
luna,
besar, besar tu frente
mientras rueda
aquella
música
sobre las olas!

Oda al viaje venturoso

Oh, viaje venturoso!
Dejé la primavera
trabajando en mi patria.
Los motores
del ave de aluminio
trepidaron
y fueron fuerza pura
resbalando en el cielo.
Así las cordilleras y los ríos
crucé, las extensiones argentinas,
los volcanes, las ciénagas, las selvas:

nuestro planeta verde.
Luego lanzó el avión sobre las nubes
su rectitud de plata
cruzando agua infinita, noches
cortadas
como copas o cápsulas azules,
días desconocidos cuya llama
se deslizó en el viento,
hasta que descendimos
en nuestra estrella errante
sobre la antigua nieve de Finlandia.
Sólo unos días
en
la rosa blanca, reclinada
en su nave de madera,
y Moscú
abrió sus calles:
me esperaba
su claridad nocturna,
su vino transparente.

Viva es la luz del aire
y encendida es la tierra
a toda hora,
aunque el invierno
cierre con espadas
los mares y los ríos,
alguien espera, nos reconocemos:
arde la vida en medio de la nieve.

Y cuando
de regreso

brilló tu boca bajo los pinares
de Datitla y arriba
silbaron, crepitaron
y cantaron
extravagantes
pájaros
bajo la luna de Montevideo,
entonces,
a tu amor he regresado,
a la alegría
de tus anchos ojos:
bajé, toqué la tierra
amándote y amando
mi viaje venturoso!

Dónde estará la Guillermina?

Dónde estará la Guillermina?

Cuando mi hermana la invitó
y yo salí a abrirle la puerta,
entró el sol, entraron estrellas,
entraron dos trenzas de trigo
y dos ojos interminables.

Yo tenía catorce años
y era orgullosamente oscuro,
delgado, ceñido y fruncido,
funeral y ceremonioso:
yo vivía con las arañas,
humedecido por el bosque,

me conocían los coleópteros
y las abejas tricolores,
yo dormía con las perdices
sumergido bajo la menta.

Entonces entró la Guillermina
con dos relámpagos azules
que me atravesaron el pelo
y me clavaron como espadas
contra los muros del invierno.
Esto sucedió en Temuco.
Allá en el sur, en la frontera.

Han pasado lentos los años
pisando como paquidermos,
ladrando como zorros locos,
han pasado impuros los años
crecientes, raídos, mortuorios,
y yo anduve de nube en nube,
de tierra en tierra, de ojo en ojo,
mientras la lluvia en la frontera
caía, con el mismo traje.

Mi corazón ha caminado
con intransferibles zapatos,
y he digerido las espinas:
no tuve tregua donde estuve:
donde yo pegué me pegaron,
donde me mataron caí
y resucité con frescura,
y luego y luego y luego y luego,
es tan largo contar las cosas.

No tengo nada que añadir.

Vine a vivir en este mundo.

Dónde estará la Guillermina?

Testamento de otoño
(Fragmentos)

Matilde Urrutia, aquí te dejo
lo que tuve y lo que no tuve,
lo que soy y lo que no soy.
Mi amor es un niño que llora:
no quiere salir de tus brazos,
yo te lo dejo para siempre:
eres para mí la más bella.

Eres para mí la más bella,
la más tatuada por el viento
como un arbolito del sur,
como un avellano en agosto.
Eres para mí suculenta
como una panadería,
es de tierra tu corazón,
pero tus manos son celestes.

Eres roja y eres picante,
eres blanca y eres salada
como escabeche de cebolla.
Eres un piano que ríe

con todas las notas del alma
y sobre mí cae la música
de tus pestañas y tu pelo.
Me baño en tu sombra de oro
y me deleitan tus orejas
como si las hubiera visto
en las mareas de coral:
por tus uñas luché en las olas
contra pescados pavorosos.

De Sur a Sur se abren tus ojos
y de Este a Oeste tu sonrisa,
no se te pueden ver los pies
y el sol se entretiene estrellando
el amanecer en tu pelo.
Tu cuerpo y tu rostro llegaron,
como yo, de regiones duras,
de ceremonias lluviosas,
de antiguas tierras y martirios.

Sigue cantando el Bío-Bío
en nuestra arcilla ensangrentada,
pero tú trajiste del bosque
todos los secretos perfumes
y esa manera de lucir
un perfil de flecha perdida,
una medalla de guerrero.

Tú fuiste mi vencedora
por el amor y por la tierra,
porque tu boca me traía
antepasados manantiales,

citas en bosques de otra edad,
oscuros tambores mojados:
de pronto oí que me llamaban,
era de lejos y de cuando:
me acerqué al antiguo follaje
y besé mi sangre en tu boca,
corazón mío, mi araucana.
Qué puedo dejarte si tienes,
Matilde Urrutia, en tu contacto,
ese aroma de hojas quemadas,
esa fragancia de frutillas
y entre tus dos pechos marinos
el crepúsculo de Cauquenes
y el olor de peumo de Chile?

En el alto otoño del mar
lleno de niebla y cavidades,
la tierra se extiende y respira,
se le caen al mes las hojas.
Y tú inclinada en mi trabajo
con tu pasión y tu paciencia
deletreando las patas verdes,
las telarañas, los insectos
de mi mortal caligrafía.
Oh leona de pies pequeñitos,
qué haría sin tus manos breves,
dónde andaría caminando
sin corazón y sin objeto,
en qué lejanos autobuses,
enfermo de fuego o de nieve?
Te debo el otoño marino
con la humedad de las raíces

y la niebla como una uva
y el sol silvestre y elegante:
te debo este cajón callado
en que se pierden los dolores
y sólo suben a la frente
las corolas de la alegría.
Todo te lo debo a ti,
tórtola desencadenada,
mi codorniza copetona,
mi jilguero de las montañas,
mi campesina de Coihueco.

Alguna vez si ya no somos,
si ya no vamos ni venimos
bajo siete capas de polvo
y los pies secos de la muerte,
estaremos juntos, amor,
extrañamente confundidos.
Nuestras espinas diferentes,
nuestros ojos maleducados,
nuestros pies que no se encontraban
y nuestros besos indelebles,
todo estará por fin reunido,
pero de qué nos servirá
la unidad de un cementerio?

Que no nos separe la vida
y se vaya al diablo la muerte!

X*

Suave es la bella como si música y madera,
ágata, telas, trigo, duraznos transparentes,
hubieran erigido la fugitiva estatua.
Hacia la ola dirige su contraria frescura.

El mar moja bruñidos pies copiados
a la forma recién trabajada en la arena
y es ahora su fuego femenino de rosa
una sola burbuja que el sol y el mar combaten.

Ay, que nada te toque sino la sal del frío!
Que ni el amor destruya la primavera intacta.
Hermosa, reverbero de la indeleble espuma,

deja que tus caderas impongan en el agua
una medida nueva de cisne o de nenúfar
y navegue tu estatua por el cristal eterno.

XV

Desde hace mucho tiempo la tierra te conoce:
eres compacta como el pan o la madera,
eres cuerpo, racimo de segura substancia,
tienes peso de acacia, de legumbre dorada.

* Los diez sonetos siguientes son una selección del libro *Cien sonetos de amor*. Los números romanos que los titulan son los mismos de dicha obra.

Sé que existes no sólo porque tus ojos vuelan
y dan luz a las cosas como ventana abierta,
sino porque de barro te hicieron y cocieron
en Chillán, en un horno de adobe estupefacto.

Los seres se derraman como aire o agua o frío
y vagos son, se borran al contacto del tiempo,
como si antes de muertos fueran desmenuzados.

Tú caerás conmigo como piedra en la tumba
y así por nuestro amor que no fue consumido
continuará viviendo con nosotros la tierra.

XVII

No te amo como si fueras rosa de sal, topacio
o flecha de claveles que propagan el fuego:
te amo como se aman ciertas cosas oscuras,
secretamente, entre la sombra y el alma.

Te amo como la planta que no florece y lleva
dentro de sí, escondida, la luz de aquellas flores,
y gracias a tu amor vive oscuro en mi cuerpo
el apretado aroma que ascendió de la tierra.

Te amo sin saber cómo, ni cuándo, ni de dónde,
te amo directamente sin problemas ni orgullo:
así te amo porque no sé amar de otra manera,

sino de este modo en que no soy ni eres,
tan cerca que tu mano sobre mi pecho es mía,
tan cerca que se cierran tus ojos con mi sueño.

XXIX

Vienes de la pobreza de las casas del Sur,
de las regiones duras con frío y terremoto,
que cuando hasta sus dioses rodaron a la muerte
nos dieron la lección de la vida en la greda.

Eres un caballito de greda negra, un beso
de barro oscuro, amor, amapola de greda,
paloma del crepúsculo que voló en los caminos,
alcancía con lágrimas de nuestra pobre infancia.

Muchacha, has conservado tu corazón de pobre,
tus pies de pobre acostumbrados a las piedras,
tu boca que no siempre tuvo pan o delicia.

Eres del pobre Sur, de donde viene mi alma:
en su cielo tu madre sigue lavando ropa
con mi madre. Por eso te escogí, compañera.

LXV

Matilde, dónde estás? Noté, hacia abajo,
entre corbata y corazón, arriba,
cierta melancolía intercostal:
era que tú de pronto eras ausente.

Me hizo falta la luz de tu energía
y miré devorando la esperanza,
miré el vacío que es sin ti una casa,
no quedan sino trágicas ventanas.

De puro taciturno el techo escucha
caer antiguas lluvias deshojadas,
plumas, lo que la noche aprisionó:

y así te espero como casa sola
y volverás a verme y habitarme.
De otro modo me duelen las ventanas.

LXVI

No te quiero sino porque te quiero
y de quererte a no quererte llego
y de esperarte cuando no te espero
pasa mi corazón del frío al fuego.

Te quiero sólo porque a ti te quiero,
te odio sin fin, y odiándote te ruego,
y la medida de mi amor viajero
es no verte y amarte como un ciego.

Tal vez consumirá la luz de enero,
su rayo cruel, mi corazón entero,
robándome la llave del sosiego.

En esta historia sólo yo me muero
y moriré de amor porque te quiero,
porque te quiero, amor, a sangre y fuego.

LXIX

Tal vez no ser es ser sin que tú seas,
sin que vayas cortando el mediodía
como una flor azul, sin que camines
más tarde por la niebla y los ladrillos,

sin esa luz que llevas en la mano
que tal vez otros no verán dorada,
que tal vez nadie supo que crecía
como el origen rojo de la rosa,

sin que seas, en fin, sin que vinieras
brusca, incitante, a conocer mi vida,
ráfaga de rosal, trigo del viento,

y desde entonces soy porque tú eres,
y desde entonces eres, soy y somos,
y por amor seré, serás, seremos.

LXX

Tal vez herido voy sin ir sangriento
por uno de los rayos de tu vida
y a media selva me detiene el agua:
la lluvia que se cae con su cielo.

Entonces toco el corazón llovido:
allí sé que tus ojos penetraron
por la región extensa de mi duelo
y un susurro de sombra surge solo:

Quién es? Quién es? Pero no tuvo nombre
la hoja o el agua oscura que palpita
a media selva, sorda, en el camino,

y así, amor mío, supe que fui herido
y nadie hablaba allí sino la sombra,
la noche errante, el beso de la lluvia.

LXXX

De viajes y dolores yo regresé, amor mío,
a tu voz, a tu mano volando en la guitarra,
al fuego que interrumpe con besos el otoño,
a la circulación de la noche en el cielo.

Para todos los hombres pido pan y reinado,
pido tierra para el labrador sin ventura,
que nadie espere tregua de mi sangre o mi canto.
Pero a tu amor no puedo renunciar sin morirme.

Por eso toca el vals de la serena luna,
la barcarola en el agua de la guitarra
hasta que se doblegue mi cabeza soñando:

que todos los desvelos de mi vida tejieron
esta enramada en donde tu mano vive y vuela
custodiando la noche del viajero dormido.

XCV

Quiénes se amaron como nosotros? Busquemos
las antiguas cenizas del corazón quemado
y allí que caigan uno por uno nuestros besos
hasta que resucite la flor deshabitada.

Amemos el amor que consumió su fruto
y descendió a la tierra con rostro y poderío:
tú y yo somos la luz que continúa,
su inquebrantable espiga delicada.

Al amor sepultado por tanto tiempo frío,
por nieve y primavera, por olvido y otoño,
acerquemos la luz de una nueva manzana,

de la frescura abierta por una nueva herida,
como el amor antiguo que camina en silencio
por una eternidad de bocas enterradas.

El corazón de piedra

Mirad
éste
fue el corazón
de una sirena.
Irremediablemente
dura,
venía a las orillas
a peinarse
y jugar a la baraja.

Juraba
y escupía
entre las algas.
Era la imagen
misma
de aquellas
infernales
taberneras
que
en los cuentos
asesinan
al viajero cansado.

Mataba a sus amantes
y bailaba
en las olas.

Así
fue transcurriendo
la malvada
vida de la sirena
hasta
que su feroz
amante marinero
la persiguió
con harpón y guitarra
por todas las espumas,
más allá
de los más
lejanos archipiélagos,
y cuando
ya en sus brazos

reclinó
la frente biselada,
el navegante
le dio
un último beso
y justiciera muerte.

Entonces, del navío
descendieron
los capitanes
muertos,
decapitados
por
aquella
traidora
sirena,
y con alfanje,
espada,
tenedor
y cuchillo,
sacaron
el corazón de piedra
de su pecho
y junto al mar
lo dejaron
anclado,
para
que así se eduquen
las pequeñas
sirenas
y aprendan

a comportarse
bien
con
los
enamorados
marineros.

La insepulta de Paita
Elegía dedicada a la memoria de Manuela Sáenz
Amante de Simón Bolívar

PRÓLOGO

Desde Valparaíso por el mar.

El Pacífico, duro camino de cuchillos.

Sol que fallece, cielo que navega.

Y el barco, insecto seco, sobre el agua.

Cada día un fuego, una corona.

La noche apaga, esparce, disemina.

Oh día, oh noche,

oh naves

de la sombra y la luz, naves gemelas!

Oh tiempo, estela rota del navío!

Lento, hacia Panamá, navega el aire.

Oh mar, flor extendida del reposo!

No vamos ni volvemos ni sabemos.

Con los ojos cerrados existimos.

I
La costa peruana

Surgió como un puñal
entre los dos azules enemigos,
cadena erial, silencio,
y acompañó a la nave
de noche interrumpida por la sombra,
de día allí otra vez la misma,
muda como una boca
que cerró para siempre su secreto,
y tenazmente sola
sin otras amenazas
que el silencio.

Oh larga
cordillera
de arena y desdentada
soledad, oh desnuda
y dormida
estatua huraña,
a quién,

a quiénes
despediste
hacia el mar, hacia los mares,
a quién
desde los mares
ahora
esperas?

Qué flor salió,
qué embarcación florida
a fundar en el mar la primavera
y te dejó los huesos
del osario,
la cueva
de la muerte metálica,
el monte carcomido
por las sales violentas?
Y no volvió raíz ni primavera,
todo se fue en la ola y en el viento!

Cuando a través
de largas
horas
sigues,
desierto, junto al mar,
soledad arenosa,
ferruginosa muerte,
el viajero
ha gastado
su corazón errante:
no le diste
un solo
ramo de follaje y frescura,

ni canto de vertientes,
ni un techo que albergara
hombre y mujer amándose:
sólo el vuelo salado
del pájaro del mar
que salpicaba
las rocas
con espuma
y alejaba su adiós
del frío del planeta.

Atrás, adiós,
te dejo,
costa
amarga.
En cada hombre
tiembla
una semilla
que busca
agua celeste
o fundación porosa:
cuando no vio sino una copa larga
de montes minerales
y el azul extendido
contra una inexorable
ciudadela,
cambia el hombre su rumbo,
continúa su viaje
dejando atrás la costa del desierto,
dejando
atrás
el olvido.

II
La insepulta

En Paita preguntamos
por ella, la Difunta:
tocar, tocar la tierra
de la bella Enterrada.

No sabían.

Las balaustradas viejas,
los balcones celestes,
una vieja ciudad de enredaderas
con un perfume audaz
como una cesta
de mangos invencibles,
de piñas,
de chirimoyas profundas,
las moscas
del mercado
zumban
sobre el abandonado desaliño,
entre las cercenadas
cabezas de pescado,
y las indias sentadas
vendiendo
los inciertos despojos
con majestad bravía
—soberanas de un reino
de cobre subterráneo—,
y el día era nublado,
el día era cansado,

el día era un perdido
caminante, en un largo
camino confundido
y polvoriento.

Detuve al niño, al hombre,

al anciano,

y no sabían dónde

falleció Manuelita,

ni cuál era su casa,

ni dónde estaba ahora

el polvo de sus huesos.

Arriba iban los cerros amarillos,
secos como camellos,
en un viaje en que nada se movía,
en un viaje de muertos,
porque es el agua
el movimiento,
el manantial transcurre,
el río crece y canta,
y allí los montes duros
continuaron el tiempo:
era la edad, el viaje inmóvil
de los cerros pelados,
y yo les pregunté por Manuelita,

pero ellos no sabían,
no sabían el nombre de las flores.

Al mar le preguntamos,
al viejo océano.
El mar peruano
abrió en la espuma viejos ojos incas
y habló la desdentada boca de la turquesa.

III
El mar y Manuelita

Aquí me llevó ella, la barquera,
la embarcadora de Colán, la brava.
Me navegó la bella, la recuerdo,
la sirena de los fusiles,
la viuda de las redes,
la pequeña criolla traficante
de miel, palomas, piñas y pistolas.
Durmió entre las barricas,
amarrada a la pólvora insurgente,
a los pescados que recién alzaban
sobre la barca sus escalofríos,
al oro de los más fugaces días,
al fosfórico sueño de la rada.
Sí, recuerdo su piel de nardo negro,
sus ojos duros, sus férreas manos breves,

recuerdo a la perdida comandante
y aquí vivió
sobre estas mismas olas,
pero no sé dónde se fue,

no sé
dónde dejó al amor su último beso,

ni dónde la alcanzó la última ola.

IV
No la encontraremos

No, pero en mar no yace la terrestre,
no hay Manuela sin rumbo, sin estrella,
sin barca, sola entre las tempestades.

Su corazón era de pan y entonces
se convirtió en harina y en arena,
se extendió por los montes abrasados,
por espacio cambió su soledad.
Y aquí no está y está la solitaria.

No descansa su mano, no es posible
encontrar sus anillos ni sus senos,
ni su boca que el rayo
navegó con su largo látigo de azahares.
No encontrará el viajero
a la dormida
de Paita en esta cripta, ni rodeada
por lanzas carcomidas, por inútil
mármol en el huraño cementerio
que contra polvo y mar guarda sus muertos,
en este promontorio, no,
no hay tumba para Manuelita,
no hay entierro para la flor,

no hay túmulo para la extendida,
no está su nombre en la madera
ni en la piedra feroz del templo.

Ella se fue, diseminada
entre las duras cordilleras
y perdió entre sal y peñascos
los más tristes ojos del mundo,
y sus trenzas se convirtieron
en aguas, en ríos del Perú,
y sus besos se adelgazaron
en el aire de las colinas,
y aquí está la tierra y los sueños
y las crepitantes banderas
y ella está aquí, pero ya nadie
puede reunir su belleza.

V
Falta el amante

Amante, para qué decir tu nombre?
Sólo ella en estos montes
permanece.
Él es sólo silencio,
en brusca soledad que continúa.

Amor y tierra establecieron
la solar amalgama,
y hasta este sol, el último,
el sol mortuorio
busca

la integridad de la que fue la luz.
Busca
y su rayo
a veces
moribundo
corta buscando, corta como espada,
se clava en las arenas,
y hace falta la mano del Amante
en la desgarradora empuñadura.

Hace falta tu nombre,
Amante muerto,
pero el silencio sabe que tu nombre
se fue a caballo por la sierra,
se fue a caballo con el viento.

VI
Retrato

Quién vivió? ¿Quién vivía? Quién amaba?

Malditas telarañas españolas!

En la noche la hoguera de ojos ecuatoriales,
tu corazón ardiendo en el vasto vacío:
así se confundió tu boca con la aurora.
Manuela, brasa y agua, columna que sostuvo
no una techumbre vaga sino una loca estrella.

Hasta hoy respiramos aquel amor herido,
aquella puñalada del sol en la distancia.

VII

En vano te buscamos

No, nadie reunirá tu firme forma,
ni resucitará tu arena ardiente,
no volverá tu boca a abrir su doble pétalo,
ni se hinchará en tus senos la blanca vestidura.

La soledad dispuso sal, silencio, sargazo,
y tu silueta fue comida por la arena,
se perdió en el espacio tu silvestre cintura,
sola, sin el contacto del jinete imperioso
que galopó en el fuego hasta la muerte.

VIII
Manuela material

Aquí en las desoladas colinas no reposas,
no escogiste el inmóvil universo del polvo.
Pero no eres espectro del alma en el vacío.
Tu recuerdo es materia, carne, fuego, naranja.

No asustarán tus pasos el salón del silencio,
a medianoche, ni volverás con la luna,
no entrarás transparente, sin cuerpo y sin rumor,
no buscarán tus manos la cítara dormida.

No arrastrarás de torre en torre un nimbo verde
como de abandonados y muertos azahares,
y no tintinearán de noche tus tobillos:
te desencadenó sólo la muerte.

No, ni espectro, ni sombra, ni luna sobre el frío,
ni llanto, ni lamento, ni huyente vestidura,
sino aquí cuerpo, el mismo que se enlazó al amor,
aquellos ojos que desgranaron la tierra.

Las piernas que anidaron el imperioso fuego
del Húsar, del errante Capitán del camino,
las piernas que subieron al caballo en la selva
y bajaron volando la escala de alabastro.

Los brazos que abrazaron, sus dedos, sus mejillas,
sus senos (dos morenas mitades de magnolia),
el ave de su pelo (dos grandes alas negras),
sus caderas redondas de pan ecuatoriano.

Así, tal vez desnuda, paseas con el viento
que sigue siendo ahora tu tempestuoso amante.
Así existes ahora como entonces: materia,
verdad, vida imposible de traducir a muerte.

IX
El juego

Tu pequeña mano morena,
tus delgados pies españoles,
tus caderas claras de cántaro,
tus venas por donde corrían
viejos ríos de fuego verde:
todo lo pusiste en la mesa
como un tesoro quemante:
como de abandonados y muertos azahares,

en la baraja del incendio:
en el juego de vida o muerte.

X
Adivinanza

Quién está besándola ahora?
No es ella. No es él. No son ellos.
Es el viento con la bandera.

XI
Epitafio

Ésta fue la mujer herida:
en la noche de los caminos
tuvo por sueño una victoria,
tuvo por abrazo el dolor.
Tuvo por amante una espada.

XII
Ella

Tú fuiste la libertad,
libertadora enamorada.

Entregaste dones y dudas,
idolatrada irrespetuosa.

Se asustaba el búho en la sombra
cuando pasó tu cabellera.

Y quedaron las tejas claras,
se iluminaron los paraguas.

Las casas cambiaron de ropa.
El invierno fue transparente.

Es Manuelita que cruzó
las calles cansadas de Lima,
la noche de Bogotá,
la oscuridad de Guayaquil,
el traje negro de Caracas.

Y desde entonces es de día.

XIII
Interrogaciones

Por qué? Por qué no regresaste?
Oh amante sin fin, coronada
no sólo por los azahares,
no sólo por el gran amor,
no sólo por luz amarilla
y seda roja en el estrado,
no sólo por camas profundas
de sábanas y madreselvas,
sino también,
oh coronada,
por nuestra sangre y nuestra guerra.

XIV
De todo el silencio

Ahora quedémonos solos.
Solos, con la orgullosa.
Solos con la que se vistió
con un relámpago morado.
Con la emperatriz tricolor.
Con la enredadera de Quito.

De todo el silencio del mundo
ella escogió este triste estuario,
el agua pálida de Paita.

XV
Quién sabe

De aquella gloria no, no puedo hablarte.
Hoy no quiero sino la rosa
perdida, perdida en la arena.
Quiero compartir el olvido.

Quiero ver los largos minutos
replegados como banderas,
escondidos en el silencio.
A la escondida quiero ver.

Quiero saber.

XVI
Exilios

Hay exilios que muerden y otros
son como el fuego que consume.
Hay dolores de patria muerta
que van subiendo desde abajo,
desde los pies y las raíces
y de pronto el hombre se ahoga,
ya no conoce las espigas,
ya se terminó la guitarra,
ya no hay aire para esa boca,
ya no puede vivir sin tierra
y entonces se cae de bruces,
no en la tierra, sino en la muerte.
Conocí el exilio del canto,
y ése sí tiene medicina,
porque se desangra en el canto,
la sangre sale y se hace canto.

Y aquel que perdió madre y padre,
que perdió también a sus hijos
perdió la puerta de su casa,
no tiene nada, ni bandera,
ése también anda rodando
y a su dolor le pongo nombre
y lo guardo en mi caja oscura.

Y el exilio del que combate
hasta en el sueño, mientras come,
mientras no duerme ni come,
mientras anda y cuando no anda,

y no es el dolor exiliado
sino la mano que golpea
hasta que las piedras del muro
escuchen y caigan y entonces
sucede sangre y esto pasa:
así es la victoria del hombre.

Pero no comprendo este exilio.

Este triste orgullo, Manuela.

XVII
No comprendo la soledad

Quiero andar contigo y saber,
saber por qué, y andar adentro
del corazón diseminado,
preguntar al polvo perdido,
al jazmín huraño y disperso.

Por qué? Por qué esta tierra miserable?

Por qué esta luz desamparada?

Por qué esta sombra sin estrellas?

Por qué Paita para la muerte?

XVIII
La flor

Ay amor, corazón de arena!

Ay sepultada en plena vida,

yacente sin sepultura,

niña infernal de los recuerdos,

ángela color de espada.

Oh inquebrantable victoriosa

de guerra y sol, de cruel rocío.

Oh suprema flor empuñada

por la ternura y la dureza.

Oh puma de dedos celestes,

oh palmera color de sangre,

dime por qué quedaron mudos
los labios que el fuego besó,
por qué las manos que tocaron
el poderío del diamante,
las cuerdas del violín del viento,
la cimitarra de Dios,
se sellaron en la costa oscura,

y aquellos ojos que abrieron
y cerraron todo el fulgor
aquí se quedaron mirando
cómo iba y venía la ola,
cómo iba y venía el olvido
y cómo el tiempo no volvía:
sólo soledad sin salida
y estas rocas de alma terrible
manchadas por los alcatraces.

Ay, compañera, no comprendo!

XIX
Adiós

Adiós, bajo la niebla tu lenta barca cruza:
es transparente como una radiografía,
es muda entre las sombras de la sombra;
va sola, sube sola, sin rumbo y sin barquera.

Adiós, Manuela Sáenz, contrabandista pura,
guerrillera, tal vez tu amor ha indemnizado
la seca soledad y la noche vacía.
Tu amor diseminó su ceniza silvestre.

Libertadora, tú que no tienes tumba,
recibe una corona desangrada en tus huesos,
recibe un nuevo beso de amor sobre el olvido,
adiós, adiós, adiós Julieta huracanada.

Vuelve a la proa eléctrica de tu nave pesquera,
dirige sobre el mar la red y los fusiles,
y que tu cabellera se junte con tus ojos,
tu corazón remonte las aguas de la muerte,
se vea otra vez partiendo la marea,
la nave, conducida por tu amor valeroso.

XX
La resurrecta

En tumba o mar o tierra, batallón o ventana,
devuélvenos el rayo de tu infiel hermosura.
Llama tu cuerpo, busca tu forma desgranada
y vuelve a ser la estatua conducida en la proa.

(Y el Amante en su cripta temblará como un río.)

XXI
Invocación

Adiós, adiós, adiós, insepulta bravía,
rosa roja, rosal hasta en la muerte errante,
adiós, forma callada por el polvo de Paita,
corola destrozada por la arena y el viento.

Aquí te invoco para que vuelvas a ser una
antigua muerta, rosa todavía radiante,
y que lo que de ti sobreviva se junte
hasta que tengan nombre tus huesos adorados.

El Amante en su sueño sentirá que lo llaman:
alguien, por fin aquella, la perdida, se acerca
y en una sola barca viajará la barquera
otra vez, con el sueño y el Amante soñando,
los dos, ahora reunidos en la verdad desnuda:
cruel ceniza de un rayo que no enterró la muerte,
ni devoró la sal, ni consumió la arena.

XXII
Ya nos vamos de Paita

Paita, sobre la costa
muelles podridos,
escaleras
rotas,
los alcatraces tristes
fatigados,
sentados
en la madera muerta,
los fardos de algodón,
los cajones de Piura.
Soñolienta y vacía
Paita se mueve
al ritmo
de las pequeñas olas de la rada
contra el muro calcáreo.

Parece
que aquí
alguna ausencia inmensa sacudió y quebrantó
los techos y las calles.

Casas vacías, paredones
rotos,
alguna buganvilla
echa en la luz el chorro
de su sangre morada,
y lo demás es tierra,
el abandono seco
del desierto.

Y ya se fue el navío
a sus distancias.

Paita quedó dormida
en sus arenas.
Manuelita insepulta,
desgranada
en las atroces, duras
soledades.

Regresaron las barcas, descargaron
a pleno sol negras mercaderías.

Las grandes aves calvas
se sostienen
inmóviles
sobre piedras quemantes.

Se va el navío. Ya
no tiene ya más
nombre la tierra.
Entre los dos azules
del cielo y del océano

una línea de arena,
seca, sola, sombría.

Luego cae la noche.
Y nave y costa y mar
y tierra y canto
navegan al olvido.

Oceana

I

Oceana nupcial, caderas de las islas,
aquí a mi lado, cántame los desaparecidos
cantares, signos, números del río deseado.
Quiero oír lo invisible, lo que cayó del tiempo
al palio equinoccial de las palmeras.
Dame el vino secreto que guarda cada sílaba:
ir y venir de espumas, razas de miel caídas
al cántaro marino sobre los arrecifes.

II

Yo no soy, yo perdí los días porque entonces
me faltaba, Oceana, tu guitarra florida
y era de madreperla la boca de la aurora:
entraba la marea con su trueno en las islas
y todo era fulgor, menos mi vida,
menos mi corazón sin azahares.

III

Oceana, reclina tu noche en el castillo
que aguardó sin cesar pasar tu cabellera
en cada ola que el mar elevaba en el mar
y luego no eras tú sino el mar que pasaba,
sino el mar sino el mar y yo qué pude hacer:
era tarde, otro día se abría con mi llave,
otra puerta, y el mar continuaba vacío.

IV

Entonces, fui gastando mi sonrisa y cayeron
uno a uno mis dientes en la caja de hierro.
Furioso contemplé los santos enlutados,
los ataúdes de ámbar que traía el crepúsculo,
los minerales prisioneros en su abismo,
las algas lastimeras meciéndose en la niebla
y sin tocar tus párpados, Oceana amarilla,
Oceana negra, Oceana de manos transparentes,
estiré mis sentidos hasta que sin saberlo
se desató en el mar la rosa repentina.

V

Cántame caracola, cuéntame la campana,
cántame la paciencia del trigo submarino,
el tembloroso rey coronado de vértebras,
la luna diametral que lloraba de frío.
Y si hay alguna lágrima perdida en el idioma
déjala que resbale hasta mi copa,
bebiéndola sabré lo que no supe entonces:

cántame lo que fue de labio a labio a labio
haciéndose cantar sin tocar tierra,
puro en el aire puro de los días de miel,
alto en el aire como la palma sempiterna.

VI

Sirena o palma plena, paloma de la espuma,
sosiego de guitarras en lento y alto vuelo,
repíteme el cantar que en mi sangre circula
sin que tuviera voz hasta que tú llegaste,
llegaste palpitante de espuma peregrina,
de costas que no existen, duramente doradas,
de los cuentos caídos hoja por hoja al agua
y a la tierra poblada por negros regimientos.

VII

Tengo hambre de no ser sino piedra marina,
estatua, lava, terca torre de monumento
donde se estrellan olas ya desaparecidas,
mares que fallecieron con cántico y viajero.
Por eso cuando desde lo que no existe, Oceana,
asomaron tus anchos ojos, y tus pulseras
tintineando en la lluvia me anunciaron
que llegabas, corola de los mares, tardía,
mi corazón salió perdido por las calles
y desde entonces cántame con ojos de guitarra.

Desde entonces suspírame con uvas de amatista,
y manzanas y dátiles estrictamente tiernos,

frutos, frutos recién robados a la aurora,
agredidos aún por balas del rocío.
Y que la cesta de agua contenga peras puras,
mangos desarrollados a dulzura remota,
guanábanas copiosas, pomposas, olorosas,
los crímenes radiantes que esconde la granada,
la miel en la barriga de pálidos melones.

VIII

Oceana, dame las conchas del arrecife
para cubrir con sus relámpagos los muros,
los Spondylus, héroes coronados de espinas,
el esplendor morado del murex en su roca:
tú sabes cómo sobre la sal ultramarina
en su nave de nieve navega el Argonauta.

IX

Plumajes! Trae contigo el ave
que enlaza la secreta profundidad y el cielo,
ven envuelta en tu ropa natal de colibríes
hasta que pluma a pluma vuelen las esmeraldas.

X

Recuerda el corazón de pájaro que llevas
en su jaula: el debate de las alas y el canto,
y de tantos violines que vuelan y fulguran
recoge tú, recógeme sonido y pedrería.
Hasta que envueltos en aire y fuego vamos
acompañados por la sonora asamblea

a la cascada de lingotes matutinos.
Y nuestro amor palpite como un pez en el frío.

XI

Al fin, al fin no vuelvas a tu piedra marina,
Oceana, alma mía, ámbar del Sur, donaire.

En nave nuestra, en tierra recibimos
el polen y el pescado de las islas distantes,
oyendo, oyendo lejos, susurro y barcarola,
el rito matinal de los remos perdidos.

Yo soy, Oceana, sólo alguien que te esperaba
en la torre de un faro que no existe,
y éste es un cuento en donde no sube otra marea
que tus senos marinos bajo la luz nocturna.

Y sólo dos verdades hay en esta sonata:
tus dos ojos oscuros abiertos en el agua.

Amores: Terusa (I)

Y cómo, en dónde yace
aquel
antiguo amor?
Es ahora
una tumba de pájaros, una gota
de cuarzo negro,
un trozo
de madera roída por la lluvia?

Y de aquel cuerpo que como la luna
relucía en la oscura primavera
del Sur,
qué quedará?
La mano
que sostuvo
toda la transparencia y el rumor
del río sosegado,
los ojos en el bosque,
anchos, petrificados
como los minerales de la noche,
los pies
de la muchacha de mis sueños,
pies de espiga, de trigo, de cereza,
adelantados, ágiles, volantes,
entre mi infancia pálida y el mundo?
Dónde está el amor muerto?
El amor, el amor,
dónde se va a morir?
A los graneros
remotos,
al pie de los rosales que murieron
bajo los siete pies de la ceniza
de aquellas casas pobres
que se llevó un incendio de la aldea?

Oh amor
de la primera luz del alba,
del mediodía acérrimo
y sus lanzas,
amor con todo el cielo

gota a gota
cuando la noche cruza
por el mundo
en su total navío,
oh amor
de soledad
adolescente,
oh gran violeta
derramada
con aroma y rocío
y estrellada frescura
sobre el rostro:
aquellos besos
que
trepaban
por la piel, enramándose y mordiendo,
desde los puros cuerpos extendidos
hasta la piedra azul de la nave nocturna.

Terusa de ojos anchos,
a la luna
o al sol de invierno, cuando
las provincias
reciben el dolor, la alevosía
del olvido inmenso
y tú brillas, Terusa,
como el cristal quemado
del topacio,
como la quemadura
del clavel,
como el metal que estalla en el relámpago
y transmigra a los labios de la noche.

Terusa
abierta entre las amapolas,
centella
negra
del primer dolor,
estrella entre los peces,
a la luz
de la pura corriente genital,
ave morada del primer abismo,
sin alcoba, en el reino
del corazón visible
cuya miel inauguran los almendros,
el polen incendiario
de la retama agreste,
el toronjil de tentativas verdes,
la patria de los misteriosos musgos.

Sonaban las campanas de Cautín,
todos los pétalos pedían algo,
no renunciaba a nada la tierra,
el agua parpadeaba
sin cesar:
quería abrir el verano,
darle al fin una herida,
se despeñaba en furia
el río que venía de los Andes,
se convertía en una estrella dura
que clavaba la selva,
la orilla,
los peñascos:
allí no habita nadie:

sólo el agua y la tierra
y los trenes que aullaban,
y los trenes del invierno
en sus ocupaciones
atravesando el mapa
solitario:
reino mío,
reino de las raíces
con fulgor de menta,
cabellera de helechos,
pubis mojado,
reino
de mi perdida pequeñez
cuando yo vi nacer la tierra
y yo formaba parte
de la mojada
integridad
terrestre:
lámpara entre los gérmenes y el agua,
en el nacimiento del trigo,
patria de las maderas
que morían
aullando en el aullido
de los aserraderos:
el humo, alma balsámica
del salvaje
crepúsculo
atado
como un peligroso prisionero
a las regiones de la selva,
a Loncoche,
a Quitratúe,

a los embarcaderos de Maullín,
y yo naciendo
con tu amor,
Terusa,
con tu amor deshojado
sobre mi piel sedienta
como
si las cascadas
del azahar, del ámbar, de la harina,
hubieran transgredido mi substancia
y yo desde esa hora te llevara,
Terusa,
inextinguible
aún en el olvido,
a través
de las edades oxidadas,
aroma
señalado,
profunda madreselva o canto
o sueño
o luna que amasaron los jazmines
o amanecer del trébol junto al agua
o amplitud de la tierra con sus ríos
o demencia de flores o tristeza
o signo del imán o voluntad
del mar radiante y su baile infinito.

Amores: Terusa (II)

Llegan los 4 números del año.
Son como 4 pájaros felices.

Se sientan en un hilo
contra el tiempo desnudo.
Pero, ahora
no cantan.
Devoraron el trigo, combatieron
aquella primavera
y corola a corola no quedó
sino este largo espacio.

Ahora que tú llegas de visita,
antigua amiga, amor, niña invisible,
te ruego que te sientes
otra vez
en la hierba.

Ahora me parece
que cambió tu cabeza.
Por qué
para venir
cubriste con ceniza
la cabellera de carbón valiente
que desplegué en mis manos, en el frío
de las estrellas de Temuco?

En dónde están tus ojos?
Por qué te has puesto esta mirada estrecha
para mirarme si yo soy el mismo?
Dónde dejaste tu cuerpo de oro?
Qué pasó con tus manos entreabiertas
y su fosforescencia de jazmín?

Entra en mi casa, mira el mar conmigo.
Una a una las olas
gastaron
nuestras vidas
y se rompía no sólo la espuma,
sino que las cerezas,
los pies,
los labios
de la edad cristalina.

Adiós, ahora te ruego
que regreses
a tu silla de ámbar
en la luna,
vuelve a la madreselva del balcón,
regresa
a la imagen ardiente,
acomoda tus ojos
a los ojos
aquellos,
lentamente dirígete
al retrato
radiante,
entra en él
hasta el fondo,
en su sonrisa,
y mírame
con su inmovilidad, hasta que yo
vuelva a verte
desde aquel,
desde entonces,
desde el que fui en tu corazón florido.

Amores: Rosaura (I)

Rosaura de la rosa, de la hora
diurna, erguida
en la hora resbalante
del crepúsculo pobre, en la ciudad,
cuando brillan las tiendas
y el corazón se ahoga
en su propia región inexplorada
como el viajero perdido,
tarde, en la soledad de los pantanos.

Como un pantano es el amor:
entre número y número
de calle,
allí caímos,
nos atrapó el placer profundo,
se pega el cuerpo al cuerpo,
el pelo al pelo,
la boca al beso,
y en el paroxismo
se sacia la ola hambrienta
y se recogen
las láminas del légamo.

Oh amor de cuerpo a cuerpo,
sin palabras
y la harina mojada que entrelaza
el frenesí de las palpitaciones,
el ronco ayer del hombre y la mujer,
un golpe en el rosal,
una oscura corola sacudida

vuelca las plumas de la oscuridad,
un circuito fosfórico,
te abrazo,
te condeno,
te muero,
y se aleja el navío del navío
haciendo las últimas señales
en el sueño del mar,
de la marea
que vuelve a su planeta intransigente,
a su preocupación, a la limpieza:
queda la cama
en medio
de la hora infiel,
crepúsculo, azucena vespertina:
ya partieron los náufragos:
allí quedaron las sábanas rotas,
la embarcación
herida,
vamos mirando al Río Mapocho:
corre por él mi vida.

Rosaura de mi brazo
va su vida en el agua,
el tiempo,
los tajamares de mampostería,
los puentes donde acuden
todos los pies cansados:
se va la ciudad por el río,
la luz por la corriente,
el corazón de barro
corre corre

corre amor por el tiempo
1923, uno
nueve
dos
tres
son números
cada uno en el agua
que corría
de noche
en la sangre del río,
en el barro nocturno,
en las semanas
que cayeron al río
de la ciudad, cuando yo recogí
tus manos pálidas:
Rosaura,
las habías olvidado
de tanto que volaban
en el humo:
allí se te olvidaron
en la esquina
de la calle Sazié, o en la plazuela
de Padura, en la picante rosa
del conventillo que nos compartía.

El minúsculo patio
guardó los excrementos
de los gatos errantes
y era una paz de bronce
la que surgía
entre los dos desnudos:
la calma dura de los arrabales;

entre los párpados
nos caía el silencio
como un licor oscuro;
no dormíamos:
nos preparábamos para el amor;
habíamos gastado
el pavimento,
la fatiga,
el deseo,
y allí por fin estábamos
sueltos, sin ropa, sin ir y venir,
y nuestra misión
era
derramarnos,
como si nos llenara demasiado
un silencioso líquido,
un pesado
ácido
devorante,
una substancia
que llenaba el perfil de tus caderas,
la sutileza pura de tu boca.

Rosaura,
pasajera
color de agua,
hija de Curicó, donde fallece el día
abrumado
por el peso y la nieve
de la gran cordillera:
tú eras hija
del frío

y antes de consumirte
en los adobes
de muros aplastantes
viniste a mí, a llorar o a nacer,
a quemarte en mi triste poderío
y tal vez no hubo más
fuego en tu vida,
tal vez no fuiste sino entonces.

Encendimos y apagamos el mundo,
tú te quedaste a oscuras;
yo seguí caminando los caminos
rompiéndome las manos y los ojos,
dejé atrás el crepúsculo,
corté las amapolas vespertinas:
pasó un día que con su noche
procrearon
una nueva semana
y un año se durmió con otro año;
gota a gota
creció el tiempo,
hoja a hoja
el árbol transparente;
la ciudad polvorienta
cambió del agua al oro,
la guerra quemó pájaros y niños
en la Europa agobiada,
de Atacama el desierto
caminó con arena,
fuego y sal,
matando las raíces,
giraron en sus ácidos azules

los pálidos planetas,
tocó la luna un hombre,
cambió el pintor
y no pintó los rostros,
sino los signos y las cicatrices,
y tú qué hacías
sin el agujero
del dolor y el amor?
Y yo qué hacía
entre las hojas de la tierra?

Rosaura, otoño, lejos,
luna de miel delgada,
campana taciturna:
entre nosotros dos el mismo río,
el Mapocho que huye
royendo las paredes y las casas,
invitando al olvido
como el tiempo.

Amores: Rosaura (II)

Nos dio el amor la única importancia.
La virtud física, el latido
que nace y se propaga,
la continuidad
del cuerpo
con la dicha,
y esa fracción de muerte
que nos iluminó hasta oscurecernos.
Para mí, para ti,

se abrió aquel goce
como la única
rosa
en los sordos arrabales,
en plena juventud raída,
cuando ya todo conspiró
para irnos matando poco a poco,
porque entre instituciones orinadas
por la prostitución y los engaños
no sabías qué hacer:
éramos el amor atolondrado
y la debilidad de la pureza;
todo estaba gastado por el humo,
por el gas negro,
por la enemistad
de los palacios y de los tranvías.

Un siglo entero deshojaba
un esplendor muerto,
su follaje
de cabezas degolladas,
goterones de sangre
caen de las cornisas,
no es la lluvia, no sirven
los paraguas,
se moría el tiempo
y ninguna y ninguno
se encontraron
cuando ya desde el trono los reinantes
habían decretado
la ley letal del hambre
y había que morir,

todo el mundo tenía que morir,
era una obligación,
un compromiso,
estaba escrito así:
entonces encontramos
en la rosa física
el fuego palpitante
y nos usamos
hasta el dolor;
hiriéndonos
vivíamos;
allí se confrontó la vida
con su esencia compacta:
el hombre, la mujer
y la invención del fuego.

Nos escapamos de la maldición
que pesaba
sobre el vacío, sobre la ciudad,
amor contra exterminio
y la verdad
robada
otra vez floreciendo,
mientras en la gran cruz
clavaban el amor,
lo prohibían,
nadie yo, nadie tú,
nadie nosotros,
nos defendimos brasa a brasa,
beso a beso.
Salen hojas recientes,
se pintan de azul las puertas,

hay una nube náyade,
suena un violín bajo el agua;
es así en todas partes:
es el amor victorioso.

Amores: Josie Bliss (I)

Qué fue de la furiosa?
Fue la guerra
quemando
la ciudad dorada
la que la sumergió sin que jamás
ni la amenaza escrita,
ni la blasfemia eléctrica salieran
otra vez a buscarme, a perseguirme
como hace tantos días, allá lejos.
Como hace tantas horas
que una por una hicieron
el tiempo y el olvido
hasta por fin tal vez llamarse muerte,
muerte, mala palabra, tierra negra
en la que Josie Bliss
descansará iracunda.

Contaría agregando
a mis años ausentes
arruga tras arruga, que en su rostro
tal vez cayeron por dolores míos:
porque a través del mundo me esperaba.
Yo no llegué jamás, pero en las copas
vacías,

en el comedor muerto
tal vez se consumía mi silencio,
mis más lejanos pasos,
y ella tal vez hasta morir me vio
como detrás del agua,
como si yo nadara hecho de vidrio,
de torpes movimientos,
y no pudiera asirme
y me perdiera
cada día, en la pálida laguna
donde quedó prendida su mirada.
Hasta que ya cerró los ojos
cuándo?
hasta que tiempo y muerte la cubrieron
cuándo?
hasta que odio y amor se la llevaron
dónde?
hasta que ya la que me amó con furia,
con sangre, con venganza,
con jazmines,
no pudo continuar hablando sola,
mirando la laguna de mi ausencia.

Ahora tal vez
reposa y no reposa
en el gran cementerio de Rangoon
O tal vez a la orilla
del Irrawadhy quemaron su cuerpo
toda una tarde, mientras
el río murmuraba
lo que llorando yo le hubiera dicho.

Amores: Josie Bliss (II)

Sí, para aquellos días
vana es la rosa: nada
creció
sino una lengua roja:
el fuego que bajaba
del verano insepulto,
el sol de siempre.

Yo me fugué de la deshabitada.

Huí como inasible marinero,
ascendí por el Golfo de Bengala
hasta las casas sucias de la orilla
y me perdí
de corazón y sombra.
Pero no bastó el mar inapelable:

Josie Bliss me alcanzó revolviendo
mi amor y su martirio.

Lanzas de ayer, espadas del pasado!

—Soy culpable, le dije
a la luciérnaga.

Y me envolvió la noche.

Quise decir que yo también
sufrí:
no es bastante:
el que hiere es herido hasta morir.

Y ésta es la historia, se escribió en la arena,
en el advenimiento de la sombra.

No es verdad! No es verdad!

También era la hora
de los dioses
de mazapán, de luna,
de hierro, de rocío,
dioses sangrientos cuya derramada
demencia
llenaba como el humo
las cúpulas del reino,
sí,
existía el aire
espeso, el fulgor
de los desnudos,
ay,
el olor de nardo que cerraba
mi razón con el peso del aroma
como si me encerraran en un pozo
de donde no salí para gritar,
sino para ahogarme.

Ay de mí, aquellos muros
que royeron
la humedad y el calor hasta dejarlos
como la piel partida del lagarto,
sí,
sí,
todo esto y más: la muchedumbre
abierta

por la violencia de un turbante, por
aquellos paroxismos de turquesa
de las mujeres que se desgranaban
ardiendo entre sotanas de azafrán.

Otras veces la lluvia
cayó sobre la tímida comarca:
cayó tan lenta como las medusas
sobre niños, mercados y pagodas:
era otra lluvia,
el cielo fijo
clavado como un grave vidrio opaco
a una ventana muerta
y esperábamos,
los pobres y los ricos,
los dioses,
los sacerdotes y los usureros,
los cazadores de iguanas,
los tigres que bajaban
de Assam,
hambrientos y pletóricos
de sangre:
todos
esperábamos:
sudaba el cielo del Este,
se cerraba la tierra:
no pasaba nada,
tal vez adentro
de aquellos dioses
germinaba y nacía
una vez más
el tiempo:

se ordenaba el destino:
parían los planetas.
Pero el silencio sólo recogía
plumas mojadas,
lento sudor celeste,
y de tanto esperar lloraba el mundo
hasta que un trueno
despertaba la lluvia,
la verdadera lluvia,
y entonces se desnudaba el agua
y era
sobre la tierra
el baile del cristal, los pies del cielo,
las ceremonias del viento.

Llovía como llueve Dios,
como cae el océano,
como el tambor de la batalla,
llovía el monzón verde
con ojos y con manos,
con abismos,
con nuevas cataratas
que se abrían
sobre los cocoteros y las cúpulas,
en tu cara, en tu piel, en tus recuerdos,
llovía como si saliera la lluvia
por vez primera de su jaula
y golpeaba las puertas
del mundo: Ábranme! Ábranme!
y se abría
no sólo el mundo, sino
el espacio,

el misterio,
la verdad,
todo se resolvía
en harina celeste
y la fecundación se derramaba
contra la soledad de la espesura.

Así era el mundo y ella siguió sola.

Ayer! Ayer!

Tus ojos aguerridos,
tus pies desnudos
dibujando un rayo,
tu rencor de puñal, tu beso duro,
como los frutos del desfiladero,
ayer, ayer
viviendo
en el ruido del fuego,
furiosa mía,
paloma de la hoguera,
hoy aún sin mi ausencia, sin sepulcro,
tal vez, abandonada de la muerte,
abandonada de mi amor, allí
donde el viento monzón y sus tambores
redoblan sordamente y ya no pueden
buscarme tus caderas extinguidas.

Amores: Delia (I)

Delia es la luz de la ventana abierta
a la verdad, al árbol de la miel,
y pasó el tiempo sin que yo supiera
si quedó de los años malheridos
sólo su resplandor de inteligencia,
la suavidad de la que acompañó
la dura habitación de mis dolores.

Porque a juzgar por lo que yo recuerdo
donde las espadas se clavaron
en mí, buscando sangre,
y me brotó del corazón la ausencia,
allí, Delia, la luna luminosa
de tu razón apartó los dolores.

Tú, del país extenso
a mí llegabas
con corazón extenso, difundido
como dorado cereal, abierto
a las transmigraciones de la harina,
y no hay ternura como la que cae
como cae la lluvia en la pradera:
lentas llegan las gotas, las recibe
el espacio, el estiércol, el silencio
y el despertar de la ganadería
que muge en la humedad bajo el violín
del cielo.
                    Desde allí
como el aroma que dejó la rosa
en un traje de luto y en invierno

así de pronto te reconocí
como si siempre hubieras sido mía
sin ser, sin más que aquel desnudo
vestigio o sombra clara
de pétalo o espada luminosa.

La guerra llegó entonces;
tú y yo la recibimos a la puerta:
parecía una virgen transitoria
que cantaba muriendo
y parecía hermoso
el humo, el estampido
de la pólvora azul sobre la nieve,
pero de pronto
nuestras ventanas rotas,
la metralla
entre los libros,
la sangre fresca
en charcas por las calles:
la guerra no es sonrisa,
se dormían los himnos,
vibraba el suelo al paso
pesado del soldado,
la muerte desgranaba
espiga tras espiga:
no volvió nuestro amigo,
fue amarga sin llorar
aquella hora,
luego, luego las lágrimas,
porque el honor lloraba,
tal vez en la derrota
no sabíamos

que se abría la más inmensa fosa
y en tierra caerían
naciones y ciudades.
Aquella edad son nuestras cicatrices.
Guardamos la tristeza y las cenizas.

Ya vienen
por la puerta
de Madrid
los moros,
entra Franco en su carro de esqueletos,
nuestros amigos
muertos, desterrados.

Delia, entre tantas hojas
del árbol de la vida,
tu presencia
en el fuego,
tu virtud
de rocío:
en el viento iracundo
una paloma.

Amores: Delia (II)

Las gentes se acallaron y durmieron
como cada uno era y será:
tal vez en ti no nacía el rencor,
porque está escrito en donde no se lee
que el amor extinguido no es la muerte
sino una forma amarga de nacer.

Perdón para mi corazón en donde
habita el gran rumor de las abejas:
yo sé que tú, como todos los seres,
la miel excelsa tocas
y desprendes
de la piedra lunar, del firmamento,
tu propia estrella,
y cristalina eres entre todas.

Yo no desprecio, no desdeño, soy
tesorero del mar, escucho apenas
las palabras del daño
y reconstruyo
mi habitación, mi ciencia, mi alegría,
y si pude agregarte la tristeza
de mis ojos ausentes, no fue mía
la razón ni tampoco la locura:
amé otra vez y levantó el amor
ola en mi vida y fui llenado
por el amor, sólo por el amor,
sin destinar a nadie la desdicha.

Por eso, pasajera
suavísima,
hilo de acero y miel que ató mis manos
en los años sonoros,
existes tú no como enredadera
en el árbol sino con tu verdad.

Pasaré, pasaremos,
dice el agua
y canta la verdad contra la piedra,

el cauce se derrama y se desvía,
crecen las hierbas locas
a la orilla:
pasaré, pasaremos,
dice la noche al día,
el mes al año,
el tiempo
impone rectitud al testimonio
de los que pierden y de los que ganan,
pero incansablemente crece el árbol
y muere el árbol y a la vida acude
otro germen y todo continúa.

Y no es la adversidad la que separa
los seres, sino
el crecimiento,
nunca ha muerto una flor: sigue naciendo.

Por eso aunque perdóname
y perdono
y él es culpable y ella
y van y vienen
las lenguas amarradas
a la perplejidad y a la impudicia,
la verdad
es
que todo ha florecido
y no conoce el sol las cicatrices.

Comienza la barcarola

TE AMO

Amante, te amo y me amas y te amo;
son cortos los días, los meses, la lluvia, los trenes;
son altas las casas, los árboles, y somos más altos;
se acerca en la arena la espuma que quiere besarte;
transmigran las aves de los archipiélagos
y crecen en mi corazón tus raíces de trigo.

No hay duda, amor mío, que la tempestad de
            septiembre
cayó con su hierro oxidado sobre tu cabeza
y cuando, entre rachas de espinas te vi caminando
            indefensa,
tomé tu guitarra de ámbar, me puse a tu lado
sintiendo que yo no podía cantar sin tu boca,
que yo me moría si no me mirabas llorando en la
            lluvia.

Por qué los quebrantos de amor a la orilla del río,
por qué la cantata que en pleno crepúsculo ardía
            en mi sombra,
por qué se encerraron en ti, chillaneja fragante,
y restituyeron el don y el aroma que necesitaba
mi traje gastado por tantas batallas de invierno?

EN LAS CALLES DE PRAGA

Recuerdas las calles de Praga qué duras sonaban
como si tambores de piedra sonaran en la soledad

de aquel que a través de los mares buscó tu recuerdo:
tu imagen encima del puente San Carlos era una
       naranja.
Entonces cruzamos la nieve de siete fronteras
desde Budapest que agregaba rosales y pan a su
       estirpe
hasta que los amantes, tú y yo, perseguidos,
       sedientos y hambrientos,
nos reconocimos hiriéndonos con dientes y besos y
       espadas.

Oh días cortados por las cimitarras del fuego y la
       furia
sufriendo el amante y la amante sin tregua y sin llanto
como si el sentimiento se hubiera enterrado en un
       páramo entre las ortigas
y cada expresión se turbara quemándose y
       volviéndose lava.

Las heridas

Fue la ofensa tal vez del amor escondido y tal vez
       la incerteza, el dolor vacilante
el temer a la herida que no solamente tu piel y mi
       piel traspasara,
sino que llegara a instalar una lágrima ronca en los
       párpados de la que me amó,
lo cierto es que ya no teníamos ni cielo ni sombra
       ni rama de rojo ciruelo con fruto y rocío
y sólo la ira de los callejones que no tienen puertas
       entraba y salía en mi alma
sin saber dónde ir ni volver sin matar o morir.

LOS VERSOS DEL CAPITÁN

Oh dolor que envolvieron relámpagos y fueron
       guardándose
en los versos aquellos, fugaces y duros, floridos y
       amargos,
en que un Capitán cuyos ojos esconde una máscara
       negra
te ama, oh amor, arrancándose con manos heridas
las llamas que queman, las lanzas de sangre y
       suplicio.

Pero luego un panal substituye a la piedra del
       muro arañado:
frente a frente, de pronto sentimos la impura
       miseria
de dar a los otros la miel que buscábamos por
       agua y por fuego,
por tierra y por luna, por aire y por hierro, por
       sangre y por ira,
entonces al fondo de tú y al fondo de yo
       descubrimos que estábamos ciegos
adentro de un pozo que ardía con nuestras
       tinieblas.

COMBATE DE ITALIA

Europa vestida de viejas violetas y torres de estirpe
       agobiada
nos hizo volar en su ola de ilustres pasiones
y en Roma las flores, las voces, la noche iracunda,
los nobles hermanos que me rescataron de la Policía:

mas pronto se abrieron los brazos de Italia
       abrazándonos
con sus jazmineros crecidos en grietas de roca
       sagrada
y su paroxismo de ojos que nos enseñaron a mirar
       el mundo.

LOS AMANTES DE CAPRI

La isla sostiene en su centro el alma como una
       moneda
que el tiempo y el viento limpiaron dejándola pura
como almendra intacta y agreste cortada en la piel
       del zafiro
y allí nuestro amor fue la torre invisible que
       tiembla en el humo,
el orbe vacío detuvo su cola estrellada y la red con
       los peces del cielo
porque los amantes de Capri cerraron los ojos y un
       ronco relámpago clavó en el silbante
       circuito marino
al miedo que huyó desangrándose y herido de
       muerte
como la amenaza de un pez espantoso por súbito
       arpón derrotado:
y luego en la miel oceánica navega la estatua de proa,
desnuda, enlazada por el incitante ciclón
       masculino.

DESCRIPCIÓN DE CAPRI

La viña en la rosa, las grietas del musgo, los muros
       que enredan

las enredaderas, los plintos de flor y de piedra:
la isla es la cítara que fue colocada en la altura
      sonora
y cuerda por cuerda la luz ensayó desde el día
      remoto
su voz, el color de las letras del día,
y de su fragante recinto volaba la aurora
derribando el rocío y abriendo los ojos de Europa.

TÚ ENTRE LOS QUE PARECÍAN EXTRAÑOS

Tú, clara y oscura, Matilde morena y dorada,
parecida al trigo y al vino y al pan de la patria,
allí en los caminos abiertos por reinos después
      devorados,
hacías cantar tus caderas y te parecías, antigua y
      terrestre araucana,
al ánfora pura que ardió con el vino en aquella
      comarca
y te conocía el aceite insigne de las cacerolas
y las amapolas creciendo en el polen de antiguos
      arados
te reconocían y se balanceaban
bailando en tus pies rumorosos.

Porque son los misterios del pueblo ser uno y ser
      todos
e igual es tu madre campestre que yace en las
      gredas de Ñuble
a la ráfaga etrusca que mueve las trenzas tirrenas
y tú eres un cántaro negro de Quinchamalí o de
      Pompeya

erigido por manos profundas que no tienen
        nombre:
por eso al besarte, amor mío, y apretar con mis
        labios tu boca,
en tu boca me diste la sombra y la música del
        barro terrestre.

LOS SUEÑOS

Hermana del agua empeñada y de sus adversarias
las piedras del río, la arcilla evidente, la tosca
        madera:
cuando levantabas soñando la frente en la noche
        de Capri
caían espigas de tu cabellera, y en mi pensamiento
volaba el hipnótico enjambre del campo de Chile:
mi sueño desviaba sus trenes hacia Antofagasta;
entraban lloviendo en el alba de Pillanlelbún,
allí donde el río recoge el olor de la vieja
        curtiembre
y la lluvia salpica el recinto de los derribados.

LA NOSTALGIA

De aquellas aldeas que cruza el invierno y los
        ferrocarriles
invicto salía a pesar de los años mi oscuro
        relámpago
que aún ilumina las calles adversas en donde se
        unieron el frío
y el barro como las dos alas de un ave terrible:
ahora al llegar a mi vida tu aroma escarlata

tembló mi memoria en la sombra perdida como si
    en el bosque
rompiera un eléctrico canto la palpitación de la
    tierra.

EL DESTIERRO

Porque, bienamada, es el hombre que canta el que
    muere muriendo sin muerte
cuando ya no tocaron sus brazos las originarias
    tormentas,
cuando ya no quemaron sus ojos los intermitentes
    conflictos natales
o cuando la patria evasiva negó al desterrado su
    copa de amor y aspereza
no muere y se muere el que canta, y padece
    muriendo y viviendo el que canta.

LA DULCE PATRIA

La tierra, mi tierra, mi brazo, la luz sanguinaria del
    orto volcánico,
la paz claudicante del día y la noche de los
    terremotos,
el boldo, el laurel, la araucaria ocupando el perfil
    del planeta,
el pastel de maíz, la corvina saliendo del horno
    silvestre,
el latido del cóndor subiendo en la ascética piel de
    la nieve,
el collar de los ríos que ostentan las uvas de lagos
    sin nombre,

los patos salvajes que emigran al polo magnético
      rayando el crepúsculo de los litorales,
el hombre y su esposa que leen después de comida
      novelas heroicas,
las calles de Rengo, Rancagua, Renaico, Loncoche,
el humo del campo en otoño cerca de Quirihue,
allí donde mi alma parece una pobre guitarra que
      llora
cantando y cayendo la tarde en las aguas oscuras
      del río.

EL AMOR

Te amé sin porqué, sin dónde, te amé sin mirar, sin
      medida,
y yo no sabía que oía la voz de la férrea distancia,
el eco llamando a la greda que canta por las
      cordilleras,
yo no suponía, chilena, que tú eras mis propias
      raíces,
yo sin saber cómo entre idiomas ajenos leí el
      alfabeto
que tus pies menudos dejaban andando en la arena
y tú sin tocarme acudías al centro del bosque
      invisible
a marcar el árbol de cuya corteza volaba el aroma
      perdido.

RESURRECCIONES

Amiga, es tu beso el que canta como una campana
      en el agua

de la catedral sumergida por cuyas ventanas
entraban los peces sin ojos, las algas viciosas
abajo en el lodo del lago Llanquihue que adora la
      nieve,
tu beso despierta el sonido y propaga a las islas del
       viento
una incubación de nenúfar y sol submarino.
Así del letargo creció la corriente que nombra las
       cosas;
tu amor sacudió los metales que hundió la catástrofe;
tu amor amasó las palabras, dispuso el color de la
      arena,
y se levantó en el abismo la torre terrestre y celeste.

EL CANTO

La torre del pan, la estructura que el arco
      construye en la altura
con la melodía elevando su fértil firmeza
y el pétalo duro del canto creciendo en la rosa,
tu presencia y tu ausencia y el peso de tu cabellera,
el fresco calor de tu cuerpo de avena en la cama,
la piel victoriosa que tu primavera dispuso al
      costado
de mi corazón que golpeaba en la piedra del muro,
el firme contacto de trigo y de oro de tus asoleadas
      caderas,
tu voz derramando dulzura salvaje como una
      cascada,
tu boca que amó la presión de mis besos tardíos,
fue como si el día y la noche cortaran su nudo
      mostrando entreabierta

la puerta que une y separa a la luz de la sombra
y por la abertura asomara el distante dominio
que el hombre buscaba picando la piedra, la
     sombra, el vacío.

PODERES

Tal vez el amor restituye un cristal quebrantado en
     el fondo
del ser, una sal esparcida y perdida
y aparece entre sangre y silencio como la criatura
el poder que no impera sino adentro del goce y del
     alma
y así en este equilibrio podría fundarse una abeja
o encerrar las conquistas de todos los tiempos en
     una amapola,
porque así de infinito es no amar y esperar a la
     orilla de un río redondo
y así son transmutados los vínculos en el mínimo
     reino recién descubierto.

REGRESO

Amor mío, en el mar navegamos de vuelta a la
     raza,
a la herencia, al volcán y al recinto, al idioma
     dormido
que se nos salía por la cabellera en las tierras
     ajenas;
el mar palpitaba como una nodriza repleta:
los senos atlánticos sostienen el mínimo barco de
     los pasajeros

y apenas sonríen los desconocidos bebiendo
     substancias heladas,
trombones y misas y máscaras, comidas rituales,
     rumores,
cada uno se amarra a su olvido con su predilecta
     cadena
y los entresíes del disimulo de oreja furtiva
la cesta de hierro nos lleva palpando y cortando el
     océano.

LOS BARCOS

Como en el mercado se tiran al saco carbón y
     cebollas,
alcohol, parafina, papas, zanahorias, chuletas,
     aceite, naranjas,
el barco es el vago desorden en donde cayeron
melifluas robustas, hambrientos tahúres, popes,
     mercaderes
a veces deciden mirar el océano que se ha detenido
como un queso azul que amenaza con ojos espesos
y el terror de lo inmóvil penetra en la frente de los
     pasajeros:
cada hombre desea gastar los zapatos, los pies y los
     huesos,
moverse en su horrible infinito hasta que ya no
     exista.
Termina el peligro, la nave circula en el agua del
     círculo,
y lejos asoman las torres de plata de Montevideo.

DATITLA

Amor, bienamada, a la luz solitaria y la arena de
      invierno
recuerdas Datitla? Los pinos oscuros, la lluvia
      uruguaya que moja el graznido
de los benteveos, la súbita luz de la naturaleza
que clava con rayos la noche y la llena de párpados
      rotos
y de fogonazos y supersticiosos relámpagos verdes
hasta que cegados por el resplandor de sus libros
      eléctricos
nos dábamos vueltas en sueños que el cielo
      horadaba y cubría.

Los Mántaras fueron presencia y ausencia,
      arboleda invisible
de frutos visibles, la casa copiosa de la soledad,
las claves de amigo y amiga ponían su marca en el
      muro
con el natural generoso que envuelve en la flor la
      ambrosía
o como en el aire sostiene su vuelo nocturno
la estrella bruñida y brillante afirmada en su
      propia pureza
y allí del aroma esparcido en las bajas riberas
tú y yo recogimos mastrantos, oréganos, menzelia,
      espadañas:
el herbario interregno que sólo el amor recupera en
      las costas del mundo.

LA AMISTAD

Amigos, oh todos, Albertos y Olgas de toda la
     tierra!
No escriben los libros de amor la amistad del
     amigo al amor,
no escriben el don que suscitan y el pan que
     otorgaron al amante errante,
olvida el sortílego mirando los ojos de puma de su
     bienamada
que manos amigas labraron maderas, clavaron
     estacas
para que enlazaran en paz su alegría los dos
     errabundos.
Injusto o tardío tú y yo inauguramos Matilde en el
     libro de amor
el capítulo abierto que indica al amor lo que debe
y aquí se establece con miel la amistad verdadera:
la de los que acogen la dicha sin palidecer de
     neuralgia
y elevan la copa de oro en honor del honor y el
     amor.

LA CHASCONA

La piedra y los clavos, la tabla, la teja se unieron:
     he aquí levantada
la casa chascona con agua que corre escribiendo en
     su idioma,
las zarzas guardaban el sitio con su sanguinario
     ramaje
hasta que la escala y sus muros supieron tu nombre

y la flor encrespada, la vid y su alado zarcillo,
las hojas de higuera que como estandartes de razas
remotas
cernían sus alas oscuras sobre tu cabeza,
el muro de azul victorioso, el ónix abstracto del
suelo,
tus ojos, mis ojos, están derramados en roca y
madera
por todos los sitios, los días febriles, la paz que
construye,
y sigue ordenada la casa con tu transparencia.
Mi casa, tu casa, tu sueño en mis ojos, tu sangre
siguiendo el camino del cuerpo que duerme
como una paloma cerrada en sus alas inmóvil
persigue su vuelo
y el tiempo recoge en su copa tu sueño y el mío
en la casa que apenas nació de las manos
despiertas.

La noche encontrada por fin en la nave que tú y yo
construimos,
la paz de madera olorosa que sigue con pájaros,
que sigue el susurro del viento perdido en las hojas
y de las raíces que comen la paz suculenta del
humus
mientras sobreviene sobre mí dormida la luna del
agua
como una paloma del bosque del Sur que dirige el
dominio
del cielo, del aire, del viento sombrío que te pertenece,
dormida durmiendo en la casa que hicieron tus
manos,

delgada en el sueño, en el germen del humus
        nocturno
y multiplicada en la sombra como el crecimiento
        del trigo.
Dorada, la tierra te dio la armadura del trigo,
el color que los hornos cocieron con barro y
        delicia,
la piel que no es blanca ni es negra ni roja ni verde,
que tiene el color de la arena, del pan, de la lluvia,
del sol, de la pura madera, del viento,
tu carne color de campana, color de alimento
        fragante,
tu carne que forma la nave y encierra la ola!

De tantas delgadas estrellas que mi alma recoge en
        la noche
recibo el rocío que el día convierte en ceniza
y bebo la copa de estrellas difuntas llorando las
        lágrimas
de todos los hombres, de los prisioneros, de los
        carceleros,
y todas las manos me buscan mostrando una llaga,
mostrando el dolor, el suplicio o la brusca
        esperanza,
y así sin que el cielo y la tierra me dejen tranquilo,
así consumido por otros dolores que cambian de
        rostro,
recibo en el sol y en el día la estatua de tu claridad
y en la sombra, en la luna, en el sueño, el racimo
        del reino,
el contacto que induce a mi sangre a cantar en la
        muerte.

La miel, bienamada, la ilustre dulzura del viaje
      completo
y aún, entre largos caminos, fundamos en
      Valparaíso una torre,
por más que en tus pies encontré mis raíces
      perdidas
tú y yo mantuvimos abierta la puerta del mar
      insepulto
y así destinamos a la Sebastiana el deber de llamar
      los navíos
y ver bajo el humo del puerto la rosa incitante,
el camino cortado en el agua por el hombre y sus
      mercaderías.

Pero azul y rosado, roído y amargo entreabierto
      entre sus telarañas
he aquí, sosteniéndose en hilos, en uñas, en
      enredaderas,
he aquí, victorioso, harapiento, color de campana y
      de miel,
he aquí, bermellón y amarillo, purpúreo, plateado,
      violeta,
sombrío y alegre, secreto y abierto como una
      sandía
el puerto y la puerta de Chile, el manto radiante de
      Valparaíso,
el sonoro estupor de la lluvia en los cerros
      cargados de padecimientos,
el sol resbalando en la oscura mirada, en los ojos
      más bellos del mundo.

Yo te convidé a la alegría de un puerto agarrado a
      la furia del alto oleaje,

metido en el frío del último océano, viviendo en
    peligro,
hermosa es la nave sombría, la luz vesperal de los
    meses antárticos,
la nave del techo amaranto, el puñado de velas o
    casas o vidas
que aquí se vistieron con trajes de honor y
    banderas
y se sostuvieron cayéndose en el terremoto que
    abría y cerraba el infierno,
tomándose al fin de la mano los hombres, los
    muros, las cosas,
unidos y desvencijados en el estertor planetario.

Cada hombre contó con sus manos los bienes
    funestos, el río
de sus extensiones, su espada, su rienda, su
    ganadería
y dijo a la esposa: "Defiende tu páramo ardiente o
    tu campo de nieve"
o "Cuida la vaca, los viejos telares, la sierra o el
    oro".

Muy bien, bienamada, es la ley de los siglos que
    fueron atándose
adentro del hombre, en un hilo que ataba también
    sus cabezas:
el príncipe echaba las redes con el sacerdote
    enlutado,
y mientras los dioses callaban caían al cofre
    monedas
que allí acumularon la ira y la sangre del hombre
    desnudo.

Por eso erigida la base y bendita por cuervos
      oscuros
subió el interés y dispuso en el zócalo su pie
      mercenario,
después a la Estatua impusieron medallas y música,
periódicos, radios y televisores cantaron la loa del
      Santo Dinero,
y así hasta el probable, hasta el que no pudo ser
      hombre,
el manumitido, el desnudo y hambriento, el pastor
      lacerado,
el empleado nocturno que roe en tinieblas su pan
      disputado a las ratas,
creyeron que aquél era Dios, defendieron el Arca
      suprema,
y se sepultaron en el humillado individuo, ahítos
      de orgullo prestado.

VIAJEROS

Recuerdo la fina ceniza celeste que se desprendía
cayendo en tus ojos, cubriendo el vestido celeste,
azul, extrazul, azulento era el cielo desnudo
y el oro era azul en los senos sagrados con que
      Samarkanda
volcaba sus copas azules sobre tu cabeza
dándote el prestigio de un viento enterrado que
      vuelve a la vida
derramando regalos azules y frutos de pompa
      celeste.
Yo escribo el recuerdo, el reciente viajero, el
      perdido homenaje

que mi alma trazó navegando las duras regiones
en que se encontraron los siglos más viejos,
      cubiertos de polvo y de sangre,
con la irrigación floreciente de las energías:
tú sabes, amor, que pisamos la estepa recién
      entregada al clavel:
recién amasaban el pan los que ordenan que canten
      las aguas;
recién se acostaban al lado del río inventado por
      ellos
y vimos llegar el aroma después de mil años de
      ausencia.

Despierto en la noche, despiertas de noche, perdido
      en la paz cenicienta
de aquellas ciudades que tumban la tarde con
      torres de oro
y encima racimos de mágicas cúpulas donde la
      turquesa
fraguó un hemisferio secreto y sagrado de luz
      femenina
y tú en el crepúsculo, perdida en mi sueño repites
con dos cereales dorados el sueño del cielo
      perdido.

Lo nuevo que trazan los hombres, la risa del claro
      ingeniero
nos dio a probar el producto orgulloso nacido en
      la estepa maldita
tal vez olvidamos tejiendo en el sueño la
      continuiddel silencio
porque así determina el viajero que aquella ceniza
      sagrada,

las torres de guerra, el hotel de los dioses callados,
todo aquello que oyó los galopes guerreros, el grito
del agonizante enredado en la cruz o en la rueda,
todo aquello que el tiempo encendió con su
      lámpara y luego
tembló en el vacío y gastó la corriente infinita de
      otoños y lunas
parece en el sueño más vivo que todos los vivos
y cuando este huevo, esta miel, esta hectárea de
      lino,
este asado de reses que pastan las nuevas praderas,
este canto de amor kolkhosiano en el agua que
      corre
parecen irreales, perdidos en medio del sol de
      Bokhara,
como si la tierra sedienta, violada y nutricia,
quisiera extender el mandato, y el puño vacío
de cúpulas, tumbas, mezquitas, y de su esplendor
      agobiado.

Los invulnerables

Tu mano en mis labios, la seguridad de tu rostro,
el día del mar en la nave cerrando un circuito
de gran lontananza cruzada por aves perdidas,
oh amor, amor mío, con qué pagaré, pagaremos la
      espiga dichosa,
los ramos de gloria secreta, el amor de tu beso en
      mis besos,
el tambor que anunció al enemigo mi larga
      victoria,

el callado homenaje del vino en la mesa y el pan
      merecido
por la honestidad de tus ojos y la utilidad de mi
      oficio indeleble:
a quién pagaremos la dicha, en qué nido de espinas
esperan los hijos cobardes de la alevosía,
en qué esquina sin sombra y sin agua las ratas
      peludas del odio
esperan con baba y cuchillo la deuda que cobran al
      mundo?

Guardamos tú y yo la florida mansión que la ola
      estremece
y en el aire, en la nave, en la luz del conflicto
      terrestre,
la firmeza de mi alma elevó su estrellada estructura
y tú defendiste la paz del racimo incitante.
Está claro, al igual que los cauces de la cordillera
      trepidan
abriéndose paso sin tregua y sin tregua cantando,
que no dispusimos más armas que aquellas que el
      agua dispuso
en la serenata que baja rompiendo la roca,
y puros en la intransigencia de la catarata inocente
cubrimos de espuma y silencio el cubil venenoso
sin más interés que la aurora y el pan,
sin más interés que tus ojos oscuros abiertos en mi
      alma.
Oh dulce, oh sombría, oh lluviosa y soleada pasión
      de estos años,
arqueado tu cuerpo de abeja en mis brazos
      marinos

sentimos caer el acíbar del desmesurado, sin miedo,
con una naranja en la copa del vino de otoño.

Es ahora la hora y ayer es la hora y mañana es la
        hora:
mostremos saliendo al mercado la dicha implacable
y déjame oír que tus pasos que traen la cesta de
        pan y perdices
suenan entreabriendo el espejo del tiempo distante
        y presente
como si llevaras en vez del canasto selvático
mi vida, tu piel: el laurel con sus hojas agudas y la
        miel de los invulnerables.

Sonata

O clara de luna, oh estatua pequeña y oscura,
oh sal, oh cuchara que saca el aroma del mundo y lo
        vuelca en mis venas,
oh cántara negra que canta a la luz del rocío,
oh piedra del río enterrado de donde volaba y volvía
        la noche,
oh pámpana de agua, peral de cintura fragante,
oh tesorería del bosque, oh paloma de la primavera,
oh tarjeta que deja el rocío en los dedos de la
        madreselva,
oh metálica noche de agosto con argollas de plata en
        el cielo,
oh mi amor, te pareces al tren que atraviesa el otoño
        en Temuco,
oh mi amada perdida en mis manos como una sortija
        en la nieve,

oh entendida en las cuerdas del viento color de
    guitarra
que desciende de las cordilleras, junto a Nahuelbuta
    llorando,
oh función matinal de la abeja buscando un secreto,
oh edificio que el ámbar y el agua construyeron para
    que habitara
yo, exigente inquilino que olvida la llave y se duerme
    a la puerta,
oh corneta llevada en la grupa celestial del tritón
    submarino,
oh guitarra de greda sonando en la paz polvorienta
    de Chile,
oh cazuela de aceite y cebolla, vaporosa, olorosa,
    sabrosa,
oh expulsada de la geometría por arte de nube y
    cadera,
oh máquina de agua, oh reloja de pajarería,
oh mi amorosa, mi negra, mi blanca, mi pluma, mi
    escoba,
oh mi espada, mi pan y mi miel, mi canción, mi
    silencio, mi vida.

Diálogo amoroso

VOZ DE MURIETA

Todo lo que me has dado ya era mío
y a ti mi libre condición someto.
Soy un hombre sin pan ni poderío:
sólo tengo un cuchillo y mi esqueleto.

Crecí sin rumbo, fui mi propio dueño
y comienzo a saber que he sido tuyo
desde que comencé con este sueño:
antes no fui sino un montón de orgullo.

Voz de Teresa

Soy campesina de Coihueco arriba,
llegué a la nave para conocerte:
te entregaré mi vida mientras viva
y cuando me muera te daré mi muerte.

Voz de Murieta

Tus brazos son como los alhelíes
de Carampangue y por tu boca huraña
me llama el avellano y los raulíes.
Tu pelo tiene olor a las montañas.
Acuéstate otra vez a mi costado
como agua del estero puro y frío
y dejarás mi pecho perfumado
a madera con sol y con rocío.

Voz de Teresa

Es verdad que el amor quema y separa?
Es verdad que se apaga con un beso?

Voz de Murieta

Preguntar al amor es cosa rara,
es preguntar cerezas al cerezo.

Yo conocí los trigos de Rancagua,
viví como una higuera en Melipilla.
Cuanto conozco lo aprendí del agua,
del viento, de las cosas más sencillas.
Por eso a ti, sin aprender la ciencia,
te vi, te amé y te amo, bienamada.
Tú has sido, amor, mi única impaciencia,
antes de ti no quise tener nada.
Ahora quiero el oro para el muro
que debe defender a tu belleza:
por ti será dorado y será duro
mi corazón como una fortaleza.

VOZ DE TERESA

Sólo quiero el baluarte de tu altura
y sólo quiero el oro de tu arado,
sólo la protección de tu ternura:
mi amor es un castillo delicado
y mi alma tiene en ti sus armaduras:
la resguarda tu amor enamorado.

VOZ DE MURIETA

Me gusta oír tu voz que corre pura
como la voz del agua en movimiento
y ahora sólo tú y la noche oscura.
Dame un beso, mi amor, estoy contento.
Beso a mi tierra cuando a ti te beso.

Voz de Teresa

Volveremos a nuestra patria dura
alguna vez.

Voz de Murieta

               El oro es el regreso.

Se terminó de imprimir en el mes de
marzo de 2005 en Imprenta de los
Buenos Ayres S.A.I.C., Carlos Berg 3449,
Buenos Aires - Argentina